中青年经济与管理学者文库

本书为教育部人文社科规划基金项目（18YJA630094）的研究成果
并由华北水利水电大学高层次人才科研启动项目资助出版

创业企业股东资源结构与创业绩效研究

宋春霞 著

中国财经出版传媒集团
中国财政经济出版社

图书在版编目（CIP）数据

创业企业股东资源结构与创业绩效研究/宋春霞著.—北京：中国财政经济出版社，2018.11

（中青年经济与管理学者文库）

ISBN 978-7-5095-8587-0

Ⅰ.①创… Ⅱ.①宋… Ⅲ.①创业-股东-资源结构-影响-企业绩效-研究 Ⅳ.①F276.6 ②F272.5

中国版本图书馆CIP数据核字（2018）第247500号

责任编辑：温彦君　　　　责任校对：杨瑞琦

中国财政经济出版社 出版

URL：http：//ckfz.cfeph.cn

E-mail：cfeph@cfeph.cn

社址：北京市海淀区阜成路甲28号　邮政编码：100142

营销中心电话：010-88191537

天猫网店：中国财政经济出版社旗舰店

网址：https：//zgczjjcbs.tmall.com

北京财经印刷厂印刷　各地新华书店经销

880×1230毫米　32开　8.375印张　192 000字

2018年11月第1版　2018年11月北京第1次印刷

定价：47.00元

ISBN 978-7-5095-8587-0

（图书出现印装问题，本社负责调换）

本社质量投诉电话：010-88190744

打击盗版举报热线：010-88191661　QQ：2242791300

策划人语

题记：一个人的精神成长史，取决于他的阅读史。只有阅读能最有效地培养精神生活习惯，而好的习惯又培养性格，性格决定人生。

——我们自豪，因为我们就是创造这精神产品的人。

选择了飞翔，总能看到蓝天；选择了远航，总能感受大海。人生不仅要作出选择，也要坚持住自己的选择。学会计、当编辑是我的意外选择。人说编辑是为人做嫁衣，可是这一选择我坚持了27年，苦在其中，乐在其中，也算是有声有色。每当我把一本本好书呈献给人们的时候，我觉得我是“富贵”的人：富，不是你身上的钱财，而是你心里的满足；贵，不是你地位的显赫，而是你被人需要的程度。

书海探寻，情怀永恒

我要说，做编辑我幸运，因为我不仅是第一个读者，可以对作品“品头论足”，也可以对作品“生杀予夺”；更重要的是，这是一个很高层次的平台，在多年与名家的交往和名著的“对话”中，深深地为他们的人格和才学所感动，被作品的精彩所吸引，这不仅使我“下笔如有神”，更使我的思想和灵魂也受到一次次洗礼和震撼，得到一次次升华。对于我的作者我的书，如数家珍，作者中不乏才学和为人同样过人的多位泰斗和“颜值高责任大”的众多才子佳人；策划的作品不仅立足专业还兼顾人文，也是情怀所在，专业加人文路才会更宽。

多年的体会是，作为一名编辑，起码要“三心二意”，即“责任心、细心、耐心”和“服务意识、创新意识”。要多策划一些有分量的拳头产品，用一个选题推动一个系统工程，用一个系统工程培养一个出版社品牌。给新入职编辑讲座时我做过一个比喻：编辑两项基本功，审稿——甚至要比博导审批学生论文还要全面、细致；选题策划——要像电影导演一样做“星探”，善于发现优秀作者和挖掘好的原创作品。记不得27年来我策划和编辑了多少书，组织和策划了一大批教材、业务培训用书、通俗读物、理论专著等，有的获得过国家、省部级各类奖项，有的以其填补空白、社会热点、风格新颖、开拓尝试等特点受到读者的欢迎。20世纪90年代我开始自主策划选题，多年来每年都有新丛书问世。比如，21世纪初内部控制研究在国内刚兴起时，策划了《现代内部控制丛书》，其中《企业内部控制管理操作手册》是我鼓励作者将自己饱含心血的经过长期钻研和实践并证明卓有成效的成果奉献付梓，使得更多的人能受益于此，这无疑是对我国内部控制理论探索和实践发展的一种贡献，内部控制选题至今还是热点。2013年的《来去无尘——一位财政部长的生前事》所展现的吴波精神，与深入推进党风廉政建设相得益彰，得到中央领导同志的高度重视和重要批示。中央各大主流媒体纷纷连续报道，掀起了全社会学习吴波高尚情操的热潮。2014 年至今的前沿选题《财务云丛书》等也越来越受到业界认可。

想是问题，做是答案

众所周知，目前的图书出版业在行业竞争和纸质图书受到严重冲击的情况下，出版人无不感到莫大的危机。在这种背景下，策划一套专业图书是颇感困惑的一件事，风险更大。但即使这样我们也不能因噎废食、停滞不前，还要积极应对，继续发挥纸质图书的固有特质，挖掘出版内容和形式都精彩的原创作品，适应新形势下读者的更高需求。2017 年，我们接受新的挑战，开启新的征程，又策划《中青年经济与管理学者文库》《当代税收名家丛书》《中国税务律师系列丛书》《现代管理实务丛书》《高等院校应用型会计人才精细化培养系列教材》等，继续为扶持学术研究和总结最新成果，在高端研究与专业知识普及和应用之间搭建一座座有益的桥梁。

每一个时代的经济环境不同，理论研究和实务探索所需要解决的问题也有所差别。当前我国不仅处于经济结构调整和供给侧改革的攻坚期，同时也处于大数据和互联网突飞猛进的变革期，矛盾叠加，风险交汇，市场环境和组织模式不断演变发展、推陈出新，经济、管理、财税等领域的新理论、新思想、新方法、新工具也层出不穷。乱花渐欲迷人眼，击水三千浪几何？这些领域的研究人员被时代赋予了更艰巨的责任，也面临着更高、更多元的要求，我们不仅要具备更广阔的学术视野，而且要有更严谨的学术思维。

输在犹豫，赢在行动

《中青年经济与管理学者文库》的作者，都是我国经济与管理领域的中坚力量，也是未来的大家。他们中有些人潜心从事理论研究，有些人则深耕在实务一线，但无论现实身份如何，视野全都没有被拘泥在“象牙塔”内。他们从不同视角对市场经济的不同要素进行细致审视，然后汇聚于“财经版”这面旗帜之下，相互碰撞，彼此激荡，力求在市场经济转型升级的关键时期留下最新鲜的“中国印记”。

这些经济与管理领域的中青年学者，就是我国市场经济发展的潜力与优势，他们的研究成果，不仅将引领市场经济的各个组成环节向更科学、更先进的方向发展，而且将成为我国政府和企业在未来经济世界扮演更重要角色的支点与动力。祝愿这些中青年学者能攀上更高的学术之山，走向更远的研究之路，也期待宏观、中观、微观各个层面的市场参与者都能从这套文库中得到切实的启发与指引，在全面深化改革、增强发展活力的关键时期，发挥正能量和积极作用，为经济社会发展增添新的动力！

如果您认可，如果您有意愿，欢迎您和您的朋友加盟我们的作者队伍！在中国财经出版传媒集团的“旗舰”下，中国财政经济出版社这“老字号”，一定励精图治，谱写新的篇章。我们用“龙的精神，玉的品质”来助力您实现梦想！

策划人：樊清玉

邮箱：qingyuf@ sina. com

2017 年春

近年来，随着中国政府颁布多项支持创业的政策，创新、创业逐渐成为当今经济发展的主旋律。然而，实践中创业活动的成功率并不高，创业企业发展过程中面临融资困难、创投矛盾、公司治理低效等问题。在这种背景下对创业企业的融资活动与股东选择进行理论研究，分析其顺利发展的资源条件，以提高创业企业的绩效，对于推动和指导创业企业的发展具有重要的理论和现实意义。

创业企业的创立与发展过程，在很大程度上就是创始股东与外部股东的资源聚合过程。这个过程至少包含两个方面的含义，一是股东资源作为“物”的聚合，即股东资源的相互融合形成企业资源，企业资源的合理组合、协调使用，才能提升竞争优势与创造价值。二是股东作为“人”的聚合。股东资源的聚合，同时也是资源所有者（即股东）群体的形成过程，外部股东及其资源的引入将改变公司原有股权结构，并伴随着公司控制权的重新配置。在已有文献中，(1) 与前者有关的文献大多基于资源基础理论的逻辑，采用“企业资源——绩效”的分析思路，但研究中对“企业资源”的衡量限于某一时点的存量，忽略了资源的获取与资源来源问题；过度夸大了管理者在资源管理中的作用，忽略了资源所有者的作用；仅关注某类资源，缺乏对资源整体组合特征的分析。(2) 与后者有关的文献集中于公司治理与股权结构类研究，主要关注股东的治理角色、股权结构的经济后果等方面。此类研究基于产权理论与代理成本理论，将股东视为同质的“财务资本的投入者”，认为股东的公司控制权配置基于股东的持股比例，忽略股东的非财务资源投入对股东控制权分配与股东治理行为的影响，研究结论对于企业外部融资中的股东选择问题、公司控制权分配问题、股东的治理行为差异等问题，不能提供令人信服的解释。

“股东资源”概念与研究视角的提出，结合了以上两类文献的研究并将分析重点向更深处推进，一方面考虑企业资源的来源与获取过程，将股东作为企业资源的重要提供者，来研究股东选择、股东资源及其组合特征对公司绩效的影响；另一方面，将“股权结构”研究中对于“股东”的关注进一步深入到对股东背后的“资源”的关注，考虑资源属性对股东行为的影响。基于这一新的研究视角，本书针对创业企业的外部融资问题，展开了创业企业股东选择与股东资源结构构建的“前因”与“后果”研究，即从资源角度研究创业企业的外部股东选择与股东资源结构形成问题，以及股东结构和股东资源结构对公司治理与公司绩效的影响问题。

创业企业的外部股权融资决策，是创始股东基于自身资源禀赋与资源需求分析的主动选择的结果，其股权结构的最终形成也体现了各股东资源互补与资源价值最大化的考虑。其中，（1）“外部财务股东”的引入，取决于创业企业吸引财务股东的“动机和能力”，创业股东技术资源、社会资本与财务资本的拥有情况以及资源需求程度在这一过程中起关键作用，尤其是技术资源发挥了吸引外部股东的信号机制。本书实证结论显示，创业企业的技术资源、社会资本与引入外部股东显著正相关；创始股东的财务资源拥有情况与外部股东引入概率成反比；当一个企业技术资源和财务资源都比较丰富时，企业越倾向于使用自身资本开发与转化其技术成果而不愿意引入外部股东；当一个创业企业的技术资源、财务资源与社会关系资源都比较充裕时，创业股东倾向于不引入外部财务股东。（2）创业股东关于“是否引入外部产业股东”的决策，充分考虑了产业股东的加入可能会带来资源侵占与战略干扰的风险，创始股东的资源禀赋和风险防御能力是影响这一决策的重要因素。创业企业财务资本、生产性资源、市场资源的需要程度与产业投资者投资正相关；创业企业技术资源越丰富，越不愿意接受其投资。但是研发能力较强可以一定程度上抵御技术资源侵占风险，创始股东较强的控制权可以抵御潜在的战略干扰风险，具备一定风险防范能力的创业企业也有可能会选择潜在风险较大的产业类投资者。上市公司的经验数据也验证了那些技术资源丰富且研发能力较强，或技术资源丰富而且创始股东控制权越强的公司，接受产业投资者的可能性也越大。

股东控制权的配置基础是股东资源，资源的重要性、稀缺性与相互依赖程度决定了股东之间的权力分配。股东的身份不仅是资源使用与经济租金分配的监督者，更是租金最大化的有力推动者。提供不同资源的股东，由于资源的特征不同、资源租金的预期不同，资源所有者参与公司治理的积极性也不同，也即股东资源决定了股东的行为方式与对公司治理的态度，公司治理的有效性也受股东资源的影响。一个公司的公司治理结构与治理状态的形成，本质上是股东资源结构的一种反映。基于以上理论基础，本书通过对雷士照明公司控制权争夺的案例分析，得出结论：(1) 大股东非财务资源的存在导致股东的实际控制权与名义控制权分离，是公司控制权争夺发生的本质因素。原因在于，股东的名义控制权与合法收益权以持股比例为分配依据，而实际控制权分配却以股东资源的相对重要性、依赖性为本质来源。股东资源回报不足以满足股东投入全部资源的租金预期，必然凭借实际控制权谋取私利，导致其他股东不满，进而发生控制权争夺。(2) 外部产业股东与财务股东对公司治理与管理的参与程度和参与能力不同。产业股东对于公司治理的参与程度高于财务股东，并具有较强的控制权争夺能力。这是因为产业资源的专项性与不易退出等特点，促使产业股东通过积极地参与公司管理与治理来规避风险，而产业资源的不可替代性特征，也赋予产业投资者较大的控制能力。相反，财务资源属于通用资源，流动性较强，财务股东可以比较方便地用脚投票，因此对公司的经营决策与治理事务保持距离，且随公司发展与资本市场的完善，财务资本稀缺性下降，也潜在削弱其在控制权分配中的话语权。单案例研究为股东权力的形成基础与消长变化过程提供了详细、具体、生动的证据，本书以此为基础，结合交易成本理论与资源依赖理论提出关于股东资源类型对股东治理行为的相关假设，并采用中国创业板上市公司的股东结构与董事会超额席位、会议次数等公司治理的经验数据，进一步证实产业股东的公司治理参与程度高于财务股东。具体表现为：产业股东在董事会占据较高的超额席位，而财务股东的超额席位往往小于零；有产业投资者的企业的董事会会议频率更高，股东类型越多与资源结构越复杂的公司，董事会会议频率也越高。

多元化的股东结构不仅提供更多元化与互补的企业资源，更全方位提升公司管理团队的管理经验与决策能力。本书的实证结论显示，股东资源与股东结构的多样化与公司价值正相关，财务股东对公司价值的提升作用显著大于产业股东，但未证明产业股东的引入对公司价值有显著影响。

总地来说，本书基于“股东资源”的研究视角，并以中国创业板上市公司为研究对象，采用理论分析、案例研究与大样本实证检验等方法证实以下观点：股东资源尤其是非财务资源的聚合是股东选择的重要依据；股东资源的重要性与相对依赖性是股东实际控制权的本质来源；股东资源类型是影响股东治理行为的重要因素；股东资源组合特征对公司的绩效具有显著影响。当然，这些观点并不仅适用于创业企业，同样也可以作为解释一般企业同类问题的普适理论，并对实践中的企业提出以下几点管理启示：

(1) 拓宽对股东投入的理解，创业企业应认识到非财务资源在企业资源的适配性与互补性方面的决定作用，根据资源背景来选择外部股东。(2) 更新对股东角色的认识。股东尤其是大股东，不再仅是资本提供者，甚至也不仅是资源提供者，他们还是资源的管理者。创业企业对外部股东的选择，要分析其投资目的，避免战略干扰、资源侵占与控制权转移的风险。(3) 前置公司治理的设计。资源类型影响股东的治理行为，在融资活动发生之前，创业公司应根据资源背景分析外部股东对公司治理的影响，选择合适的股东。(4) 突出股东资源对公司价值创造的作用。创业企业应通过引进类型多样化的外部股东，构建多元化的股东结构与互补的资源结构以提升公司价值。

目

第1章 导 论

1.1 选题背景与意义

股东资源是创业企业全部资源的核心构成要素与主要来源，股东资源的总量以及股东之间资源互补性的差异性带给企业不同的竞争优势。创业企业以接受外部股东投资的方式获取资源时，至少面临两个方面的问题。第一，股东资源作为“物”的聚合。股东资源相互融合形成企业资源，企业资源的合理配置与协调使用，提升企业的竞争优势与公司价值。股东关系的建立与安排，也即企业对这些股东资源的不同的组合与利用方式，极大地影响着创业企业的资金、知识、技术与人才等资源转化为竞争优势的过程。同时，股东资源相互融合也可能存在整合风险，有些外部股东可能会借资源整合之名行产业整合之实，进而干扰创始企业的战略制定与实施。创业企业应该分析自身资源禀赋与资源需求，引入那些公司真正需要的互补资源，构建合理的、多元化的资源结构。第二，股东作为“人”的聚合。资源聚合的同时也是资源所有者的聚合过程，创业企业获取外部资源同时也是股东群体的构建过程。外部股东及其资源的引入将改变公司原有股权结构，并伴随着公司控制权的重新配置。股东的资源背景影响股东行为与公司控制权的配置，基于自身资源价值最大化的激励，资源的所有者会选择积极参与公司治理与决策，严重的情况下可能会造成控制权争夺与公司管理层的动荡。因此，创业企业对外部股东的选择一方面考虑其背后资源的类型；另一方面也要考虑股东作为资源管理者可能对创业公司的影响。对于创业股东来说，应该接受哪些股东的投资、怎样对股东资源加以构建、组合及利用以提升创业绩效，是一个至关重要的问题。

本书基于“资源基础观”，深度剖析股东资源在创业企业公司治理与价值创造中的作用，为创业企业该如何根据创业资源适配性地选择外部股东、构建股东资源组合来提升创业绩效等问题，提供有益的建议。本选题基于以下背景：

1.1.1 实践背景

20 世纪 80 年代以来，创业经济在推动技术创新、增加就业、促进经济增长、提高人均收入水平等方面的巨大作用不容忽视。尤其是 2015 年两会上，李克强总理在政府工作报告中指出，要把“大众创业、万众创新”打造成推动中国经济继续前行的“双引擎”之一，同时为支持创业活动国务院还设立了 400 亿元的“国家新兴产业创业投资引导基金”，这些政府层面的鲜明信号激发了全民创业的热潮。对创业活动与创业企业的研究，也受到政府和学术界的普遍关注。

然而，创业活动也面临着失败率较高的风险，创业学者 Scott Shane（2009）对美国创业实践的研究发现，有40%的新企业存活期连一年都不到，且新企业创业五年后失败的比率高达55%。中国的现实更残酷，创业成功率不足5%，新建公司三年后还正常营业的约有0.2%左右。在这种背景下对企业创业问题进行理论研究，分析创业企业成功的资源条件，对于提高创业企业绩效，推动和指导创业企业的发展具有重要的理论和现实意义。

创业过程是一个识别创业机会，获取创业资源并使创业机会付诸实践的过程，创业团队只有在取得必要的资源之后，整个创业活动才能顺利开展。创业企业的一个核心问题的就是如何获得所需资源以突破自身的资源约束。由于内部积累比较缓慢、外部并购又受资金约束，在创业初期引入外部投资者是创业企业主要的资源获取方式，如接受财务投资者风险资本的投入以缓解资金需要，或与其他成熟公司建立股权关系以获得市场、技术与经营资源的联合。可以说，一个创业企业的创立与发展过程，在很大程度上就是创始股东与外部股东的资源聚合过程。那么，究竟是什么让不同类型的股东聚合在一起？创业企业如何根据自身的资源禀赋来选择外部股东？股东资源如何直接和间接影响公司治理？创业企业与外部股东矛盾与冲突的根本原因是什么？如何配置公司控制权才能避免股东群体内部矛盾的发生？创业企业如何选择与配置股东资源才能最大程度上增进公司的价值？对于这些问题的思考，是本书开展股东资源结构与公司价值创造等相关研究的主要驱动因素。

1.1.2 理论背景

（1）资源基础理论。资源基础理论（RBT）起源于 Penrose

(1959) 的企业成长理论，RBT 的核心研究主题是“企业为什么不同以及怎么样获取和保持竞争优势”。基于 RBT 的观点，企业的资源集合是支持创业企业成长的关键要素（Barney，1991；Rumelt，1984）。但是现有基于资源基础理论的研究，将研究对象局限于企业既有的存量资源，且大多研究仅关注某一类或几类关键资源，忽略了对资源的来源与获取、资源的组合特征、资源的所有者的作用等问题的研究。在创业过程中，创业企业的创业绩效归根结底取决于其所占有的创业资源，创业股东通过接受外部投资获取外部股东资源，所形成的股东资源集合是企业价值创造的源泉。因此，从股东资源的角度，研究创业企业对外部股东的选择问题、股东资源组合结构对创业绩效的影响等问题符合资源基础观的理论视角，同时又是对相关研究内容的进一步深入和拓展。

(2) 公司治理研究。对于“股东在企业价值创造中的作用”相关议题的研究集中于公司治理研究中的“股权结构”类传统研究领域。股权结构研究最早可以追溯到 Berle & Means (1932)，但正式地开始研究股权结构在公司治理中的作用开端于 Jensen & Meckling (1976) 代理问题的提出。传统代理理论认为，股东只是“财务资本的出资者”，股东的职能与角色定位于远离生产经营管理，通过股东大会、董事会等治理机制保证投入资本回报的“监督者”。股东被定义为同质的“财务出资者”，股东间权利差异只体现为“持股比”的不同，基于财务资本结构的研究均仅关注股东持股比例的差异，而忽略了对非财务资源的关注。事实上，股东投入企业的并非只有财务资本，还有社会资本、市场资源、管理经验等非财务资源。在资源依赖理论(RBT) 看来，依赖产生权力，拥有重要的不可替代资源、对其他企业或环境的依赖性较小的一方，总是在相互关系中拥有较大的权利，即权力与依赖程度负相关。股东非财务资源的异质性决定了股东之间的资源的重要程度不同、相互依赖性的强弱不同，也决定了股东的治理角色与实际控制权的差异。

以财务资本持股比为基础的股权结构研究，对股东的选择与股权关系构建、股东的实际控制权配置以及资源互补的价值创造作用等问题缺乏充分的解释。股东非财务资源的异质性、互补性才是企业价值创造的源泉，也是股东能够聚合在一起的根本原因。不同的股东资源组合特征，通过影响股东群体内各股东在公司治理中的参与意愿与参与能力等方面，进而影响企业的公司治理效率，并最终影响企业的业绩。对股东投入的理解由“财务资本”拓展到“股东资源”，同时股东的身份也从投资回报的监督者转换到企业价值的创造者，股东与股东资源在企业价值创造中的作用不容忽视。本书的理论基础与选题背景参见图1－1。

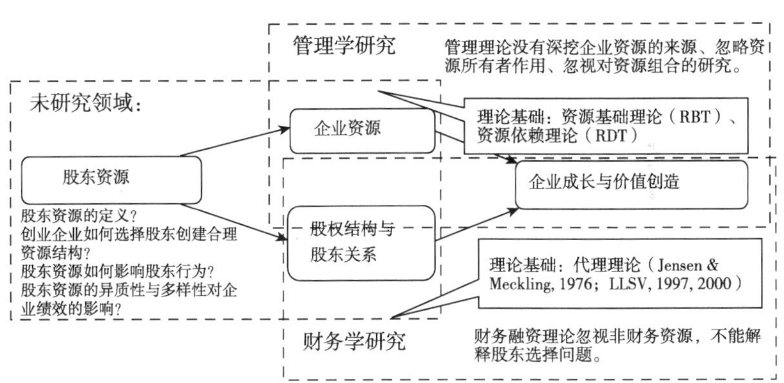

图1－1 本书理论基础与选题背景

1.1.3 选题意义

基于对资源理论与公司治理研究现状的分析，本书结合管理学与财务学的两大领域中对企业绩效与价值促进因素的分析，创造性地提出股东资源的概念，并分析股东资源的异质性在创业企业的股东选择、公司治理、企业成长绩效与价值创造中的作用。本书的研究具有以下实践与理论意义：

（1）从实践角度，本研究从股东资源角度揭示了股东资源组合的特征对创业企业外部股东选择、创业企业公司治理、公司成长绩效与价值的影响作用。研究结论对于处于转型经济环境中的中国创业企业的管理实践具有非常重要的现实意义，为面临资源约束的创业企业如何根据自身资源的特征与资源需求合理地选择外部股东、构建异质化互补的股东资源、进而提升创业绩效，提供有益的建议与理论支持。

（2）从理论角度，“股东资源”概念的提出，以及本书将要开展的关于“股东资源与创业企业价值创造”的系列研究体现了管理学与财务学多维视角的结合。一方面，本研究将股权结构研究中对“资本”、“股东”的分析进一步深入到对股东背后的“资源”的分析；另一方面将“资源观”相关研究中对“企业资源”的分析进一步深入到对“股东资源”的分析，具有重大的理论创新意义。不论对于管理学还是财务学来说，“股东资源”及其对公司治理与管理的影响都将是一个充满魅力的新的研究领域。

1.2 研究对象与研究的问题

本书研究的主要问题与子问题参见图 1 - 2。

1.2.1 基本问题：股东资源与企业绩效

本研究以股东资源为研究对象，力图透过“企业资源”及“股东与股权”，将企业竞争力与企业价值的影响因素研究向其根源处推进到“股东资源”，来研究“股东资源——企业绩效”这一主要链条。本书着重于研究“创业企业该如何根据资源的适配性有目的地选择外部股东、如何合理构建异质化与互补性的股东资源组合来提升创业绩效”这一基本问题，以及与此相关的“股东资源的量化”“股东资源与股东选择”“股东资源与公司治理”“资源互补性与公司绩效”等问题的探索。基本问题经分解后所得到的“股东资源结构形成的影响因素”与“股东资源结构的经济后果”两个子问题，本书设计相应的案例分析与大样本实证检验等方法进行研究。

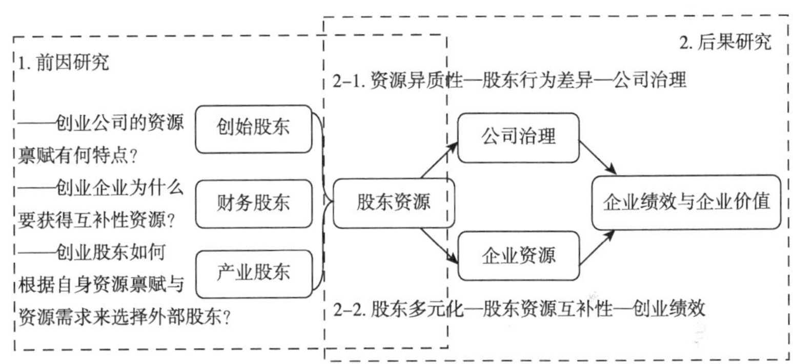

图1-2 本书研究的主要问题与子问题

1.2.2 子问题：创业企业资源结构的形成与后果研究

1.2.2.1 子问题1：股东资源结构的形成——前因研究

创业企业在财务资本、市场资源与生产性资源等方面都比较短缺，引入外部股东是其常用的资源获取手段，但在选择与引入外部股东时，创业企业并不是被动的。本书结合战略需求与资源基础的综合观点，在对创始股东的资源禀赋与资源需求分析的基础上，深入分析创业企业的外部股权融资活动中的股东选择与股权关系构建问题。

创业企业股权结构的形成是基于互补资源获取需要的一个主动选择过程。创始股东各类资源的拥有及投入水平，都对外部股东的引入决策有重要影响。本书的第 4 章从动机与机会两个方面，兼顾投融资双方的需求与动机，分析创业企业的技术资源、财务资本与社会资本等资源构成情况引入外部财务股东的影响。从动机来看，技术资源比较丰富的创业企业，由于迫切需要充足的财务资源完成其技术成果的商业化，一般都具有引入外部财务股东的强烈动机。而财务资源比较丰富的创业企业就倾向于采用内部资源进行技术创新的商业化，不引入外部股东。从融资机会来看，创始股东的资源及其构成情况也决定了其能否接触、吸引与获得外部投资，如丰富的技术资源向外传播企业质量良好的信号，而社会资本的存在既增加接触外部股东的机会，又增强双方的信任，有利于引入外部股东。而在决定是否接受产业投资者时，创业企业考虑产业股东的投资目的与其可能存在的战略干预与资源侵占等潜在风险，只有存在强烈的资源需求，并且对这些风险具有一定的防御能力时，创业企业才会引入产业投资者①。参见图 1－3。

1.2.2.2　子问题 2：股东资源对公司治理与创业绩效的影响——后果研究

（1）股东资源的异质性——股东行为的差异。基于资源的权力观使我们重新审视公司内部的权力配置。基于财务资本投入的公司控制权只是一种“名义权力”，股东的实际控制权则取决

① 产业股东引入有关的研究结论已经正式发表，详见《会计研究》2015 年 12 期，“创业企业资源禀赋，资源需求与产业投资者引入”。本书关于股东选择的研究不再针对产业股东类型详细展开，下文中仅对财务股东引入的影响因素进一步研究。

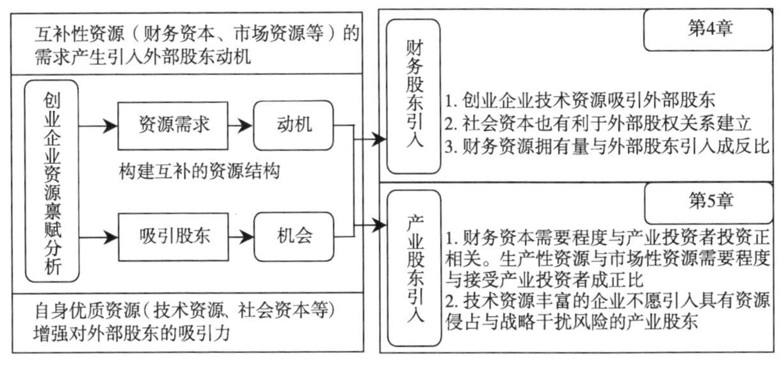

图1-3 股东资源与外部股东选择

于其全部资源的相对重要性与依赖性，同时，不同的资源背景影响股东治理行为产生差异性。如通用性资源（如，财务资源）的流动性较强、退出容易，其资源所有者（如，财务性股东）的投资目的单一，在公司治理中处于监督者角色；而产业性资源（实物资源、市场资源、技术资源等）的专用性较强、不易退出，为避免被投资企业机会主义行为造成产业资源的价值毁损，产业股东可能对创业企业公司治理的参与动机较强。创业企业不同类型的股东聚合在一起、分工合作，构成公司管理与治理的基本形态，股东群体的不同结构可能会对公司治理产生不同的影响，与此相关的很多研究问题值得进一步探讨。比如：非财务资源是如何体现在融资合约之中的？拥有较多非财务资源的股东对公司治理产生什么影响？公司控制权之争的本质原因是什么？拥有不同股东资源的股东的治理行为与参与能力有何不同？对于以上问题的思考，为财务学中的公司治理研究打开一个崭新领域。

本书第6章采用雷士照明公司的控制权争夺案例，对民营企业中创始股东、财务股东与产业股东的股东资源与实际控制权配置情况进行分析。第7章采取大样本数据检验不同类型股东对董事会席位占有以及对董事会会议频率影响的差异，进而证实不同资源背景的股东参与公司治理的动机与能力存在差异性。参见图 1－4。

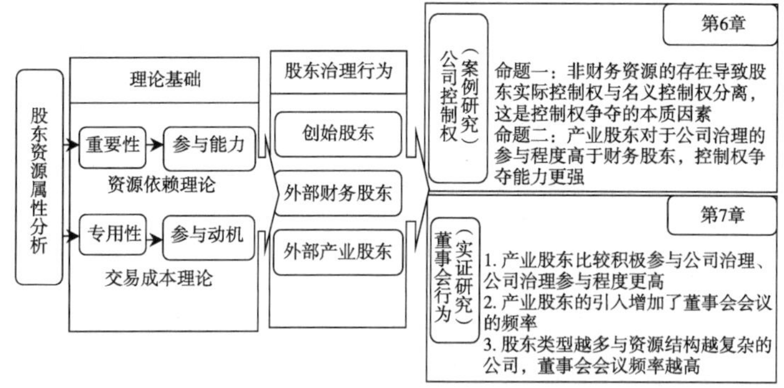

图 1－4　股东资源与公司治理

（2）股东结构多元化——股东资源互补性——创业绩效。大股东既是公司的资源所有者又是资源管理者，也就是说，股东既向公司提供了作为“物”的各类资源，又提供了作为“人”的资源管理能力。股东资源的多样化与异质性，一方面有助于构建互补的企业物质资源结构；另一方面也增强了各项能力的多元化，对于提高企业的研发效率、市场进入能力、市场影响力以及盈利能力有较大帮助。本书第 8 章采用中国创业板上市公司的数据，检验创业企业的股东资源多样化程度与创业企业经营绩效与公司价值之间的关系。参见图 1－5。

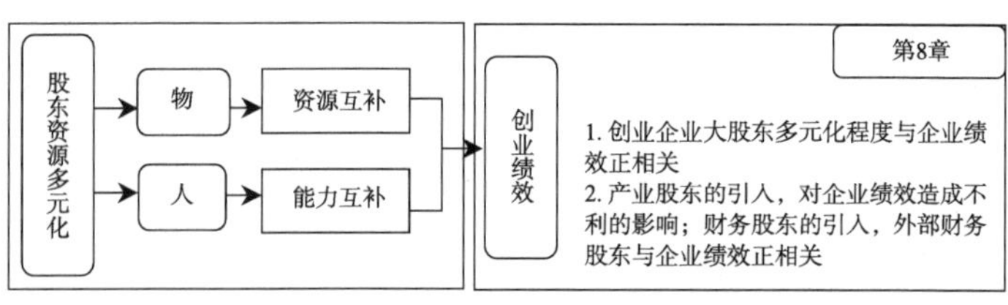

图 1－5　股东资源与创业绩效

1.3 研究方法

本研究是基于前人关于资源理论与股权结构的研究成果，结合管理学与财务学的理论与研究方法，力争在思想传承的基础上做出自己的一点补充、拓展与创新。总的来说，采用的研究方法有文献梳理（理论分析）、典型案例研究与大样本统计分析实证检验等。具体如下：

1.3.1 文献梳理

笔者通过对各类学术期刊、图书资料及电子数据库相关文献的阅读，对资源基础、资源依赖与公司治理等主要理论比较分析，并对目前有关前沿问题进行梳理，通过规范式理论分析，形成了本研究基本的理论依据、整体的研究框架与具体的研究假设。所梳理文献主要集中于以下几个方面：（1）资源基础理论的主要思想与最新研究结论。（2）资源依赖理论的主要思想与该理论应用领域的最新研究结论。（3）股权结构研究中随着关注点的不同，沿着从财务资本、股东身份、股东关系到股东资源的脉络梳理股权结构与公司治理等研究成果。（4）创业理论与创业资源研究中对创业企业资源特征、资源需求的相关观点的总结。通过文献梳理明确企业资源、股东资源、资源异质性等概念，推演资源互补性对企业绩效的影响关系，为本书以后的研究主体与假设提出打下基础。

1.3.2 典型案例研究

为进一步验证理论分析的初步结论与实地访谈中的观点，本书选择某个因股东资源租金回报与股东权利配置的不合理，而导致创业股东与外部股东控制权争夺的民营企业做案例研究，从实务视角探究股东资源对创业绩效的影响机制。

1.3.3 计量统计分析

本研究采用中国创业版上市公司上市前后的大股东的股东结构与股东资源数据，研究创业股东基于自身资源特点与资源需求对外部股东的选择问题，以及股东结构与资源结构对公司治理与创业绩效的影响作用。创业板上市公司大多属于高科技创业公司且创立时间不长，其发展过程中对外部股东的引入，及其股权结构的变动过程，为检验本书的理论假设提供合适的研究样本。本书主要采用描述性统计分析、多元回归分析与非参数检验等数理统计方法，借助 stata13 统计分析软件对相关理论模型与研究假设进行分析与验证。

1.4 本书结构安排与技术路线

本书结构安排与技术路线参见图 1－6。

1.5 本书的理论贡献

面临资源约束的创业企业在市场竞争中如何谋求生存与发展一直是国内外研究人员的一个重点关注对象（Romanelli，1989；林嵩 等，2004）。然而，在已有的研究中，大部分从企业家才能、创业机会、外部环境等方面进行定性的研究，从资源角度研

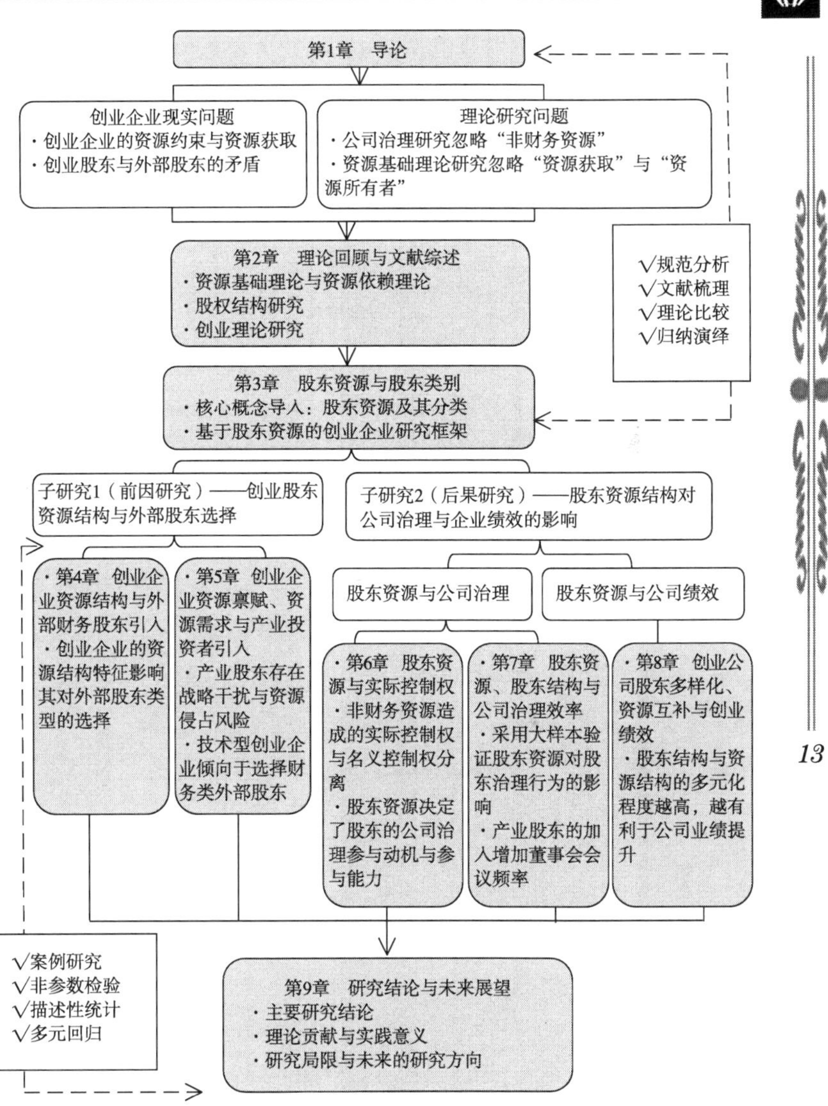

图1-6　本书结构安排与技术路线图

究创业企业发展的文献比较少。本书基于资源理论，研究股东资源在创业企业的公司治理与价值创造中的作用，总的来说，本研究立起了一个概念——股东资源，开展了与股东资源有关的两项研究——前因研究与后果研究。本研究结合财务学与管理学两大领域的基础理论与研究成果，至少在以下两个方面有重要理论贡献。

1.5.1　深化公司治理研究：资本—股东—资源

本书将股权结构研究中对“资本”、“股东”的分析进一步深入到对股东背后“资源”的分析。创业企业的创始股东与外部股东间关系的形成，正是基于股东资源异质性，即资源稀缺性与不可替代性（Barney，1991）。股东资源间的相互依赖、互补为创业公司的生存发展与保持竞争优势提供了基础。而股东之间关于公司控制权的分配也与股东资源的异质性与相互依赖性密切相关，因此在公司治理、公司价值创造等活动中，“股东资源”发挥着重要作用，然而长久以来，在股权结构研究中仍然仅停留在对“股东持股比例”与“股东产权性质”的分析上。基于股东持股比例的研究，假设股东是“同质化”的财务资本出资者，而基于“股东产权性质”的研究虽然也涉及国有股东的一些政治关联、政策优惠等特殊资源，但是“股东资源”的概念却从来没有被正式提出。相应地，在公司治理与企业管理的研究中，“股东资源”的重要角色没有得到应有的关注与重视。本书基于资源理论，将股权结构研究中对“资本”与“股东”的分析进一步深入到对股东背后的“资源”，分析股东资源组合的特征对股东行为、公司控制权配置的影响，进而间接作用于公司的长期发展与价值创造。

1.5.2 深化资源基础理论研究：企业资源—股东资源

事实上，对于一个创业企业而言，其最初的资源几乎全部是由创业企业家个人投入，创业股东资源也即企业资源主要构成要素。在企业发展过程中，有限的资源和创业热情往往迫使创业股东忍受股权稀释的代价吸收新的股东，以获取资本、技术、市场、合法性以及社会关联等外部资源。股东资源不断地积聚与融合为创业企业的生存与发展提供了核心动力。因此创业股东与外部股东的组合便内在地决定了创业企业的资源组合，也就决定了创业企业的竞争能力、获利能力与长期发展能力。这一点在目前的企业战略研究中并没有得到足够重视，长期以来，管理学领域的研究者们将企业核心竞争力的来源归为“企业资源”的异质性与不可流动性，拥有优势资源的企业有较大可能具有竞争上的优势，在组织间关系中也拥有较大主动权。资源依赖理论（RDT）关注企业资源在企业之间的异质性，虽然资源基础理论（RBT）将研究领域定位于组织内部，关注“企业资源”对企业竞争力影响，但对资源的界定都仅限于组织层面的企业资源，而未能深入探究企业资源的最初来源与形成过程。本书的研究，将“资源观”相关研究中对“企业资源”的分析进一步深入到“股东资源”，分析企业资源的根源——股东资源在企业公司治理与价值创造中的作用，并设计实证模型检验股东资源组合的总量多样化与类别差异化等特征对创业企业长期绩效与公司价值的影响。

第2章 理论回顾与文献综述

本研究建立在资源基础理论、创业理论、公司治理与资源依赖理论等研究的基础之上，本章对国内外有关研究的文献进行梳理，阐述主流观点和研究成果，并评析现有研究的局限。本章的写作目的在于基于大量的文献汇集与评述，强调引入“股东资源”的必要性以及这一创新性分析视角对创业企业股东选择、公司治理与创业绩效等问题的重要理论意义。

2.1 资源基础理论

资源基础理论（Resource - based Theory, RBT）主要研究企业资源与企业竞争优势之间的关系。虽然一些早期的文献已经明确了组织资源的重要性（例如，Penrose, 1959），但直到20世纪80年代Wernerfelt（1984）的论文“A Resource - based View of the Firm”正式发表，公司研究的重点才逐渐转向企业内部的资源。在这之前组织理论中占主导地位的框架都侧重于组织外部，如马歇尔的专业化分工理论、波特的五力模型等。资源基础观认为企业是一组资源的集合，企业之所以不同并不是因为专业化分工而产生的租金不同，而是因为企业各自所占有的资源存在差异。企业的成长源于其内部资源的多少及其配置途径，资源的不同使用方式决定了企业的竞争能力（Conner，1991；Rumelt，1984；Wernerfelt，1984）。近年来，资源基础观已经成为战略管理领域最有影响力的分析框架之一。

2.1.1　资源基础理论的主要观点

资源观（RBV，Resources Based Views）认为资源是企业生存与发展的基石，企业内部的资源占有量、资源的培育、资源的状态以及资源的部署方式不同，造成企业利润水平的不同，资源的异质性是企业竞争力差异的根本原因（Rumelt，1984；Wernerfelt，1984）。Wernerfelt（1984）对于资源的定义比较宽泛，他认为“资源是一切影响企业的要素，而从某一时点的静态来看，企业所持有的资源又可以被定义为那些长久或比较长时间地属于企业的（有形或无形）资产。”Barney（1991）随后又拓展了资源的概念，认为是“企业在实施其战略时可资利用的所有力量”，他指出并不是所有的资源都能获得竞争优势，只有具备价值性、稀缺性、不可模仿性和不可替代性（VRIN：valuable，rare，inimitable and non - substitutable）四个属性的资源才能够产生竞争优势（Barney，1991）。Peteraf（1993）则分析了企业长期竞争优势获取与保持的内在机理，他指出那些拥有独特资源与特殊才能的企业能够从普通资源中获得超额的资源经济租金，而资源壁垒机制使得租金差异无法消除，这保证了这些企业的竞争优势长期存在。

随后，有学者指出资源其本身很少具有生产性（Grant, 1991），企业之间的不同不仅表现为资源占有上的差异，更表现为企业对资源组合、利用的能力的差异性。一个企业仅拥有静态的资源存量是不够的，对资源的利用能力才能保证资源价值创造作用的充分发挥。早期将能力概念引入资源观的代表仍是 Barney（Barney & Wright, 1997），其将 VRIN 资源框架修正为 VRIO，其中 O 是指组织资本（Organize），即一个企业的核心竞争力不仅来自于其资源的价值，更重要的是企业的组织资本优势，组织资本是企业资源正确、有效使用的保证（Barney & Mackey, 2005）。Barney 1991 年的资源模型参见图 2－1。

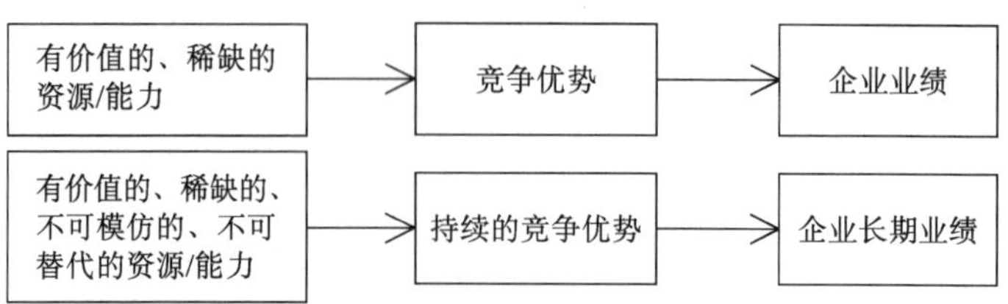

图 2－1　Barney 1991 年的资源模型

2.1.2　资源基础理论的研究现状

资源基础观（RBV）在 1984 以后以及 20 世纪 90 年代中期迅速发展起来，经过近 30 年（自 1984 年之后）的发展，相关研究更复杂、全面，研究方法也更加精确，该理论逐渐步入成熟阶段，成为描述、解释和预测组织战略优势的最突出和最强大的理论。总的来说，该理论发展趋势呈现以下特点：

（1）研究成果大量涌现。首先，沿着资源的视角对企业业绩与竞争优势差别的研究，出现了一大批代表性文献，如

Rumelt（1984），Barney（1986a；1986b；1991；2011），Conner（Conner，1991；Conner & Prahalad，1996），Peteraf（1993），以及 Teece（Teece et al.，1997）等等。其次，在这一基础上产生新的研究领域，如知识基础观（knowledge - based view）（Grant，1996）、自然资源基础观（NRBV，natural - resource - based view）（Hart，1995）与动态能力理论（dynamic capabilities）（Teece et al.，1997）、创业理论（Shum & Lin，2010）等等。最后，大量综述性文章逐渐涌现，如 Barney 等（2011）从“与其他视角的交叉、资源的获取与发展、RBT 的微观基础、RBT 和持续性以及资源的衡量办法”等 5 个方面回顾了该理论的发展历程与未来方向，Kraaijenbrink 等（2010）总结了 8 点对资源基础理论的批评，Crook 等（2008）采用元分析总结了 125 项有关的研究，指出战略资源价值的识别、发展和配置仍然是学者、管理者和股东的首要考虑因素。Newbert（2007）的综述文章总结了 166 篇基于资源的实证检验，并发现检验结论至少有 4% 是与资源基础理论不一致的。

（2）研究对象与范围更加广泛，RBV 的研究重点在于揭示企业之间的竞争优势差异，最近的有关研究也开始从企业资源角度去解释企业间并购或联盟的绩效差异（李薇和龙勇，2010；刘益等，2003）。在资源理论看来，企业间联盟关系的建立本质上也是基于伙伴间的资源需要与依赖关系（Pfeffer & Nowak，1976；Gulati，2007；Eisenhardt & Schoonhoven，1996），联盟形式也受资源特征的影响（Das & Teng，1998），由于各种联盟模式在利用资源以及在规避合作风险方面的能力不同，企业总是根据其资源组合特征、联盟风险的种类等情况，选择合适的联盟方式与联盟伙伴。

（3）研究对象动态化。资源基础理论的相关研究大多以静态的、物质的、具体的资源为研究对象，随着知识经济与创新时代的发展，近期的研究开始以无形的能力和知识为研究对象，将能力理论和知识理论引入其中，并将能力拓展为学习能力、动态能力等方面，即资源进行整合、配置、获取和剥离的能力，资源的动态性以及对资源的动态调整能力在企业竞争优势研究中越来越受到重视（王晓辉，2013）。

（4）研究开始关注非财务资源的作用。资源基础理论通常以一类或某几类有形资源在企业间的差别作为因变量研究其对企业绩效与竞争优势的影响，而近期的研究开始关注更加广泛的资源类型，如管理能力、社会资本、技术资源、政治关系等，非财务资源越来越成为研究的重点，相应的实证研究分散于各具体资源类别，如信息资源（Mata et al.，1995；Wade & Hulland，2004）、信任（Barney & Hansen，1995）、企业家社会网络资源与社会资本（Lavie，2006；方刚，2008；王晓辉，2013；杨俊等，2009）、人力资源（Becker & Gerhart，1996）、政治关系（Fan et al.，2009；徐龙炳和李科，2010）、独特能力（Hitt & Ireland，1986；李萍萍，2013）、组织文化（Barney，1986；Fiol，1991），管理技能（葛宝山和董保宝，2009）等等。总的来说，这些基于某一类资源的拥有情况对企业竞争力、长期发展能力影响的研究都可以统一到“企业资源与竞争优势的关系”这一大的框架下来。

2.1.3 小结：RBT 应关注资源获取、组合及资源所有者作用

近年来，国内外的学者基于资源基础理论从不同的角度进行了大量研究，极大地促进了企业竞争、战略等理论的发展。虽然资源基础理论对于解释企业的核心能力有较大的科学性（Newbert, 2007), 但是该理论仍然被国外学者指出存在不少缺陷 (Foss & Knudsen, 2003; Priem & Butler, 2001a, 2001b; Spender, 2006)。这些学者指出, 资源基础理论难以解决资源价值的模糊性给构建相关理论带来的困难; 已有研究主要强调 "既有资源" 对竞争优势的解释力, 忽略了资源获取能力与选择问题 (Newbert, 2007; Lockett et al. , 2009; Wernerfelt, 2013); 对资源组合特征的研究不够深入 (Maritan & Peteraf, 2011; Sirmon etal. , 2011); 基于传统委托代理理论而有意无意地夸大管理层对公司资源的控制权, 忽略资源所有者在公司治理与管理中的作用 (Mcguinness & Morgan, 2000; Bromiley & Papenhausen, 2003; Leiblein, 2003)。具体来说, 这一领域的研究至少还可以在以下方面进行更加深入的研究与探索:

第一, 资源价值的界定需要考虑企业主观的资源需要。有学者批评资源的价值性定义模糊, 有价值的资源与资源的价值创造能力陷入同语反复 (Kraaijenbrink, et al. , 2010)。Lockett 等 (2009) 与 Priem 和 Butler (2001a, 2001b) 曾指出 "有价值、稀缺、不可模仿与不可替代性的资源是企业持续竞争优势的保证" 这样的言论是无法证伪的同语反复。Eisenhardt 和 Martin (2000) 曾批评资源基础理论的构架体系是自圆其说和空洞的理论。资源基础理论不能回答这样的问题——究竟什么样的资源才有价值? 这引发我们进一步深思, 资源的价值是资源本身的价值, 还是资源创造价值的 "价值"? 是资源的独立价值, 还是与其他资源组合发挥的协同作用? Makadok 和 Coff (2002) 与 Makadok (2001) 都指出一项独立的资源其价值是无法评价的, 资源的价值性取决于其在特定的组合中所能发挥的价值创造能力。企业引入新资源时, 只有综合分析企业所拥有的整体资源特征并考虑资源协同效用, 才能正确评价新资源的价值。也就是说，资源价值的评估具有一定的经济主观性（economic subjectivist view），它取决于具体的企业需要什么样的资源（Foss，1994）。但是，现有基于资源理论研究的自变量大多是某一项特殊的资源，或者某项特殊资源与某种能力的交乘作用，并未考虑使用资源的企业在其他方面的差异性，由此而进行的企业竞争优势差异性研究其结论对企业发展仅具有一般性的指导意见，对于具体企业的经济实践活动缺乏应有的指导意义。譬如大多数结论为企业应该重视某项技术、应该具备某类资源等等，但是对于企业应该如何识别有价值资源，如何在已有资源的基础上获取其他有价值资源，则没有明确的论述。

第二，资源组合的互补性与适配程度与企业竞争优势的关系更值得探究。正如 Kraaijenbrink 等（2010）在谈到对 RBV 的批评时指出，VRIN/O 的资源并不是企业持续竞争力的充分条件，生产时机的识别、资源整合能力（Grant，1996）、相互依存关系（Kor & Leblebici，2005）、资源的互补性（Teece，2007）也可以带来持续的竞争优势。这些观点都不约而同地认为，对于企业来说资源本身的价值只是静止的，而一组资源的合理配置与协调使用所具备的价值创造能力才更有价值。因此，企业的资源组合作为一个整体，其结构性特征以及各资源要素之间的互补性与匹配度对企业的业绩更具解释力（Newbert，2007）。然而，资源类别之间的互补性、匹配度等特征对企业竞争力影响的相关研究较少，已有研究大多仅关注某一类资源，资源组合特征的研究是一个有待于进一步深入的方向。

第三，资源所有者的作用应深入研究。在资源基础理论中，企业被看作是一个在共享的市场中与其他企业直接竞争并以获取超额回报为目的的实体，且企业被假定在一个非均衡市场中被一个有限理性的管理者运营（Bromiley & Papenhausen，2003；

Leiblein, 2003)，即企业被看作是一组由管理者全权控制（total control）的资源。之所以说市场非均衡，是指对于资源的未来信息是不对称的，如果企业管理者可以比较明智地预期某项资源的未来价值，这就会给企业拥有某项资源提供“先机”（即前摄效应），而对某项资源获取之后的隔离政策，以及资源的不可转移与不可模仿性等因素为企业培育新的竞争力创造条件（即后摄效应）。这层隐含的假设忽略了资源的产权概念，因此而受到了众多学者的批判，如，Mcguinness 和 Morgan（2000）指出资源基础理论夸大了管理者对资源的控制程度。但多数情况下，资源拥有者与资源本身是不可分离的（周其仁，1996），资源拥有者具备干预公司资产使用的动机和能力（Zahra Filatotchev & Wright，2009；King，Garbuio & Lovallo，2011；葛永盛、张鹏程，2013）。以公司股东为例，股东作为股东资源的拥有者，以其所拥有的资源及其对公司的重要程度（资源依赖属性），而相应取得不同的话语权，从而影响公司治理与公司未来价值创造进程。然而在理论上，基于股东资源与资源组合角度对公司治理、价值创造作用的研究相对匮乏。

第四，资源的选择与获取问题。已有基于资源基础的研究大多停留在对成功企业竞争优势的解释，而对如何构建有利于竞争优势的资源组合以及资源组合对企业竞争优势的形成机理的研究比较少。这些资源究竟是从何而来？资源的所有者对资源的投入与使用有无影响？尤其是对于一个创业企业来说，创业企业获取资源的渠道是什么，如何获取这样的资源，这是理解创业企业成长首先必须要思考的问题，但是资源基础理论对此并未提供更好的解释（文琼，2008）。因此资源基础理论也常被学者批评对于企业如何有效获取优势资源缺乏有意义的指导，缺乏管理学研究的实践意义与可操作性价值（Kraaijenbrink et al.，2010）。

基于以上分析，我们发现资源基础理论对于企业资源的来源、资源结构特征的研究比较少，这引导我们从企业创建之初来追寻资源问题的源头，研究创业企业在发展过程中如何根据自身资源禀赋与资源需求对目标资源的价值性进行判断，并筛选适合自身的资源；资源的依赖性态势影响着资源所有者在资源使用中的权力分配，资源的提供者会对企业管理与治理产生什么样的影响？对于这些问题的思考，促使作者展开基于“股东”角度的资源组合特征对企业价值影响的相关研究。

2.2 创业资源与创业绩效

2.2.1 创业理论与创业资源

（1）创业资源是创业绩效的决定因素。创业就是创业者在发现创业机会以后，通过获取和组合各种可利用的资源，为市场提供产品或服务的活动。创业的本质是资源的整合。以熊彼特为代表的“创新派”认为企业家是能够实现生产要素重新组合的创新者，其所强调的“新的组合”本质上也是对各类资源的重新整合与利用，这决定了创业是否成功。创业资源是创业型企业所拥有或者所能够支配的以实现其生存与发展战略目标的各种要素及要素的组合（林嵩 等，2005），是开展创业活动不可或缺的关键性要素，也是创业者顺利实现创业机会的首要条件（刘霞，2010）。创业的实施受企业资源禀赋与外部资源的可获得性的限制，在创业过程中，企业所需要的资源是多方面的，余绍忠（2013）以长三角地区典型经济板块的高新技术创业型企业为调查对象，检验了创业资源与创业绩效的关系，实证结果表明，包括管理资源、人才资源、信息资源、资金资源、科技资源、政策资源在内的创业资源对创业绩效直接产生影响。资源限制是创业企业生存与成长的最大障碍，创业企业往往因内外部资源限制、组织成员不能快速适应、缺乏经营记录与信用记录而难以继续发展。总之，创业资源是创业活动开展过程的不可或缺的必要条件，是企业提升创业绩效并谋求续存与发展的重要要素（Dollinger，2003）。

（2）创业资源是创业研究的重要课题。在过去几十年的相关研究里，由于学术界始终缺乏一个对创业的权威定义，学者们提出了各种创业理论的研究框架，大部分研究均以创业绩效为因变量，分别从外部知识、战略选择、市场机会、创业导向、动态能力以及创业绩效等方面进行研究。其中与创业资源相关的研究则侧重探讨在面临较大的资源约束情况下，创业者或者新企业如何高效地进行资源开发，即资源的识别、获取、整合和利用过程。以上创业机会、创业导向、市场导向、动态能力等因素对创业绩效的影响，都离不开对创业资源的充分利用（蔡莉 等，2011）。蔡莉等（2011）通过对创业领域有影响力的 6 个国际期刊 2000—2010 年的创业研究文献的梳理，基于扎根思想对主要研究内容进行编码和提炼，发现创业研究的众多研究主题均围绕创业资源展开，并由此提出资源视角的创业研究框架将是未来的研究方向。

2.2.2　创业研究中的资源选择与获取问题

（1）创业阶段的首要任务是资源获取。如何通过引入外部股东获取适当的创业资源，无论在实践中还是理论研究领域都是创业研究一个值得继续深入的问题。创业企业作为一种独特的企业，或者说作为处于特殊时期的企业，其资源需要与资源拥有情况区别于成熟企业。成熟企业的资源获取问题可能只会影响其战略重点的转移与发展速度的调整等方面，但是在创业时期能否获得使创业机会实现的必要资源，对创业企业来说意义更加重要大，这甚至决定企业能否生存。且创立阶段资源结构的形成，直接影响企业未来的整体资源结构，基于股东资源的观点更能清晰地揭示企业资源的根本来源。创业阶段的资源构建对企业长期竞争力与价值创造能力的影响作用必然超越其他发展阶段。

企业发展的不同阶段，资源管理工作呈现不同的重点。Sirmon 等（2011）的研究将企业的不同生命周期作为影响资源管理的重要因素，提示我们在不同的阶段企业资源管理活动的侧重点是不同的。在创业阶段，企业为了在市场上赢得生存与成长机会，特别重视对那些确保企业合法性的资源的识别、积累与获取，这一阶段可能会通过建立一些联盟来获取外部资源，比如聘用顾问或引入股东董事等。而成长阶段的企业需要大量的资金支持，具体表现为债务资本与股权资本的增加，这一时期就要求管理者有意识地构建与债权人、投资者、供应商等利益相关者的网络关系（Zahra et al.，2009），以获取企业发展所需要的资源。在衰退阶段，明智与谨慎的资产剥离是保持竞争力的必要手段。

（2）对股东资源异质性与互补性的解释。谈到外部资源获取，对外部资源的识别、评价是首要问题。即哪些资源对企业来说是有价值的？这取决于特定企业的个体需要，也即一个企业本身的资源禀赋、战略需要、所处的企业生命周期等异质性特征，影响其对资源价值性的判断与资源获取行为的实施。Wernerfelt（2011）的研究中提到，企业自身的资源禀赋情况影响企业新资源的获取能力，他从资源获取成本与需要两个方面论证了企业对新资源的选择与获取，以及新资源组合的构建都建立其自身资源禀赋的基础之上。Maritan 和 Peteraf（2011）的研究关注企业资源的异质性是如何形成的，他们建立了两种分析机制，一是企业的战略需要不同，二是企业内部的资源禀赋不同，并指出对这两种机制的综合分析可能是资源获取研究的发展方向。

“资源的异质性（resource heterogeneity）”在资源基础理论中通常作为企业核心竞争力不同的合理解释，即企业与企业之间之所以不同是因为它们拥有不同的资源或能力。对资源/能力异质性的研究是资源基础理论研究的主要构成内容，其研究方法主要是，通过一定的方法（通常采用调查问卷形式）衡量一个企业的 VRIN/O 资源占有量，检验其与竞争优势或业绩之间的关系。在 Newbert（2007）的综述性文章中收集了 1991—2006 年之间基于资源基础的 55 篇实证论文，共 549 项关于资源的检验。其中，91%的论文、78%的检验（共 43 项）都是在研究资源占有量与企业竞争力的关系。应注意的是，这种资源异质性指的是企业之间某同类资源占有量上的差异，而对企业内部整体的资源类别的多样化、资源构成要素之间的差异性并未得到足够的关注。也就是说，单就一个企业来看，这种迥异于竞争对手的资源组合是如何建立起来的？建立怎样的资源组合才能更大程度上获取超常的价值创造能力与持续的竞争力？这些问题，在现有的相关研究中，并没有得到充分的重视。

这些问题可以简单类比为，一个成功的球队是缘于吸纳了一群个个技术全面、能力类似的球员，还是建设一个各有特长、技术有专攻又分工合理、各司其职的团队。用资源观点的术语表示，即企业究竟应该吸收互补资源（Complementary resource）还是增补资源（Supplementary resource）？增补资源指那些与企业资源禀赋比较类似的资源，对增补资源的获取其目的是为了单纯地扩大规模，又称为规模性资源联合。而互补资源则指不同类型的资源，互补资源的获取是为了达到资源使用的协同效应，多样化与异质性通常被大多数学者作为互补性的替代变量。显然，互补资源的获取更能促进企业的竞争力，尤其企业在创业初期的资源类型单一，资源拥有量有限，且多表现为创业企业家的人力资本与社会资本（宋春霞，2015），或者拥有某项核心技术与创新产品，但在资金与市场方面缺乏足够的资源。创业企业要想提高发展潜力和效率，必须吸收价值创造效率高的其他要素资本，比如市场、资金与信息等（邓颖，2012）。也即，创业企业的创始股东通过吸收异质的外部股东资源，建立互补的企业资源组合，有利于提升企业的竞争力。

因此，本书基于企业资源组合的内部，以股东为分析对象，分析各股东所拥有资源之间的差异性，重点研究股东资源的互补性对创业企业融资、公司治理与公司价值的影响，并不同于传统资源基础理论的“资源异质性”。

2.2.3 小结：创业研究应关注股东选择与资源获取问题

创业企业的资源组合形成于不同股东所投入的资源要素，本书中所指“资源互补性”指创业企业的股东群体内部股东资源的多元性与互补性，而不是某一类资源在存量上的“企业间的差异性”的概念。创业企业在资源获取，也即对外部股东的选择过程中，是否应该选择更加多样化与互补性的资源要素，股东资源的多元化是否有利于创业企业的竞争力与绩效产出，需要进行深入研究与更多的实证检验。

通过以上对创业理论研究的回顾：（1）突出了创业资源对创业企业的重要性。由于企业的新创性，创业资源在其生存与发展中的作用显得尤为重要，合理的评估、选择与获取互补资源是新创企业谋求发展的必经手段，也决定了企业的核心竞争力与竞争优势的维持。（2）接受外部股东的投资是创业企业获取资源的重要途径，股东资源是创业企业获取资源的主要来源。股东资源的异质性与多元化有利于构建互补的资源组合，对创业企业的成长绩效有正向作用。而构建多元化互补的资源组合，首先从外部股东的选择开始。（3）互补资源的获取受创业企业本身资源禀赋、战略需要与企业生命周期等因素的影响。结合企业的生命周期对资源获取的研究，启发我们以初创时期的企业为研究对象，探究创业型企业如何运用有限资源以提升其绩效。

2.3　股权结构研究：从资本、股东到股东资源

股权结构（ownership structure）指公司权益性资本内部各种资本来源的构成及其比例关系，它表面上代表股东所有权结构，本质上反映了资本背后“人（投资者）”的利益关系。一个企业股权的静态构成与及动态变化，都会对企业的组织结构、经营走向、管理方式与公司治理产生重大的影响。

自 Berle 和 Means（1932）以后，股权结构作为公司治理结构与股东权力配置的一个重要替代变量，成为近代企业理论研究的一个热点。研究的问题主要包括不同的股权安排下，管理层与股东之间以及大小股东之间的代理冲突等，并基于代理理论进一步分析股权结构对代理成本、经营绩效、投资效率、公司价值等各方面的影响，而其中，股权结构定性或定量的测度与刻画是所有研究开展的基础。然而，纵观近 80 年来关于股权结构的研究，结论并不一致，这意味着对于股权结构的现有测度方法可能忽略了一些持股比例以外的重要因素，如股东的合作与制衡关系、在公司治理与企业管理中的角色、占有资源的情况等，这些因素在很大程度上影响股东的实际控制能力以及价值创造能力，忽略这

些因素局限了现有股权结构研究的深度及其意义。本节的分析以“股权结构的测度方法”为切入点，沿着“资本——股东——股东资源”这一分析的主线，对股权结构与控制权结构的研究脉络进行梳理，并突出股东资源在股权结构研究中日益重要的角色。

2.3.1 基于“财务资本”的股权结构研究

（1）基于财务资本的股东角色——同质的资本提供者。在传统代理理论框架下，股东与经理人双方具有不同的效用函数，且都追求自身效用最大化，股份公司被看作由股东（委托人）雇佣经理人（代理人）代为管理的股东共有财产。委托代理模型隐含以下主要论断：一是股东是股份公司的“财务资本提供者”，公司的首要目的应当是实现股东利益的最大化；二是公司治理致力于如何使资金的提供者按时收回投资并获得合理的回报。股东的职能与角色定位于远离生产经营管理，通过股东大会、董事会等治理机制保证投入资本回报的“监督者”①。不难发现，传统代理理论的分析范式更多地着力于剖析“委托——代理”双方的利益不一致，未考虑委托人内部的冲突，而是简单将股东视为“同质的”财务资本提供者，股东之间都是无差异的，他们有着共同的目标函数——追求企业价值的最大化。公司内部权力配置也立足于股东“同质化”假定的逻辑基础，各国法律遵循私权主体平等的原则赋予股东平等地位，“一股一票制”、“同股同权”与“资本多数决原则”即为这一规则的体现，

① 亚当·斯密在论及股份公司时曾指出：“股份公司的经营，全由董事会处理。董事会在执行任务上不免受股东大会的支配，但股东对于公司业务多一无所知，他们没有派别，他们大抵心满意足地接受董事会每年或者每半年分配给他们的红利，不找董事的麻烦。”

即股东按照所持有的股权份额拥有相应的投票权与收益分配权。

然而，基于同质资本的“股份平等”理念，反映在股东权利配置机制上表现为“同股同权同利”的权利配置机制，股东大会表决机制则表现为“资本多数决”原则。这不可避免地会暴露“多数暴政”的弊端，抽象的“资本平等”掩盖了股东之间实际权力的不平等，股东大会成了“大股东会”。尤其在（Shleifer & Vishny，1997；La Porta et al.，2000）以来，一系列的研究表明集中的股权结构在世界范围内是普遍存在的（Claessens et al.，2000；Faccio & Lang，2002；Barca & Becht，2001；La Porta et al.，2002）。这一发现引导公司治理研究跨入一个新阶段，公司治理的研究更多地关注“大——小”股东之间的利益冲突和代理问题。股东同质化的假定被打破，然而“异质性股东”的含义在这一阶段仍只限于持股比的大小之分，即由于大小股东在企业中的地位、与经营者的关系、所拥有的企业经营决策信息等不同，他们的控制能力、行权能力与利益诉求等各方面存在差异（李先瑞，2009）。

（2）基于财务资本的股东超额控制权。总的来说，以财务资本为基础的股权结构相关研究可大致分为两个阶段：第一阶段（20 世纪 30 年代至 90 年代），以关注“股东—管理层”间代理问题为主（Jensen & Meckling，1976；Fauver & Naranjo，2010）；第二阶段（20 世纪 90 年代之后），主要关注“大股东—中小股东”间的代理问题（LLSV，1997，2000，2002），且集中于股权集中度与权力制衡（李明辉，2009；佘明桂等，2007）、两权分离度对公司价值的影响（Shleifer & Vishny，1986；Faccio & Lang，2002；刘芍佳等，2003）等问题。

这两个阶段的研究有很大的共同之处，研究方法的逻辑基础尊重“资本的神圣权利”，以出资额与产权比例来描述股东的利益诉求与权利配置函数。对于大股东超额控制权（即实际控制权超出所有权比例）产生的原因以及控制权大小的解释均基于一定的股权结构安排。①在高度分散的股权结构中，外部股东被标签化为“以逐利为目的的资本提供者”而与公司经营决策无关，公司的内部股东拥有超额的实际控制权。②在高度集中的股权结构下，小股东局限于信息占有、行权条件与行权能力等因素，放弃控制权而选择搭便车行为，控股股东拥有较大实际控制权与超额控制权。③在纵向控股结构中，终极股东通过金字塔股权结构、交叉持股、优先表决权或多类别股票等方式，使其投票权超过现金流权，获得超额的控制权（Faccio & Lang，2002）。

相关的实证研究主要集中于管理层持股对代理成本的影响、大股东治理角色、制衡股东的作用、终极股东两权分离度对公司的影响等方面。常用的股权结构变量全都是基于股东的持股比例，主要有内部股东持股比例、股权集中度（如赫芬达尔指数，即前 n 大股东的持股比的平方和）、股权制衡度（如 Z 指数，即控股股东持股比例与其他股东持股比例的比值）与两权分离度（控股股东控制权与现金流权的分离程度）等常用指标。然而，这些研究的结论并不一致[①]，原因可能在于：①未能深入挖掘大股东的“异质性”。实际上，股东除了在持股数量上具有明显不同外，无论就其对公司的利益诉求，还是就其对公司的关切度，

① 如，关于大股东治理作用有“有效监督”与“隧道效应”等相互矛盾竞争性假说。大股东持股比例与企业价值的关系也被证明有正相关（Shleifer & Vishny，1997；徐小年、王燕吗，1998；刘星、刘伟，2007；陈晓、江东，2000；等）、负相关（Lehman & Weig，2000；刘峰和贺建刚，2003；等）、倒 U 型（孙永祥、黄祖辉，1999；李增泉、孙铮、王志伟，2004；胡洁、胡颖，2006；田利辉，2005；吴淑锟，2002；孙月静，2007；等）与不相关（Demsetz，1983；Demsetz & Lehn，1985；Holderness & Sheehan，1988；Himmelberg，1999；施东辉，2000；魏刚，2000；朱武祥，宋勇，2001；等）等不同的结论。

抑或是其权利行使的方式、行使途径与行使效果，都存在明显的差异。②未能深入挖掘股东之间的内在关系。在对第二类代理问题的研究中，已有文献多用“股权制衡度”反映其他大股东与控股股东的力量对比，但是，如果这些大股东与控股股东存在紧密的利益关系，则可能完全起不到制衡的作用（魏明海等，2011）。以上基于持股比例来研究的文献对股权结构的理解都是局限于财务资本投入层面，仅考虑到从法律的、正式契约的角度出发的产权关系，而未考虑股东之间的远近亲疏的关系差别与其他非财务资源的投入。

2.3.2 基于股东身份与股东关系的股东控制权

2.3.2.1 关注资本背后的人——股东个体性质与股东关系

随着对股东个体性质与股东关系的逐渐关注，股权结构的理论研究开始将“资本”与其背后的人相关联，并认识到资本持有人不同将影响“资本”在公司治理与价值创造中的作用大相径庭。反映在研究方法中，研究者开始考虑股东的股权性质、投资方式、投资目的、组织属性等更多方面的个体性质差异，对股权结构与股东身份的划分采用更细致的标准。如，刘芍佳等(2003)把大股东分为政府、投资管理公司和实业公司等八个类型；Brickley等（1988）将股东分为证券投资基金、社保基金、QFII、证券公司、保险公司和信托公司六类，Cronqvist与Fahlenbrach (2009) 将股东分为九种类型；还有学者从投资偏好(汪青松，2011)、监督能力（Ryan & Schneider，2003))、年龄差异（Kandel et al.，2011）等角度对股东进行进一步细分，所得到研究结论各异。

股东关系是股东之间基于产权纽带、股权委托、任职关系、亲缘关系、商业合作等多种形式建立起来的关系（蔡宁和魏明海，2011；胡石其和田银华，2012）。魏明海等（2011）指出，考虑股东关系之后，“制衡股权结构”的划分将发生变化，真正发挥“制衡作用”的股东不包括那些控股股东的关系股东与一致行动人。家族企业的股权结构研究中最早关注股东关系，比较典型的例子是，来自于同一家族的股东经常被合并计算其持股比例（Miller, et al., 2007；Villalonga & Amit, 2009）。股东之间存在的关联关系既可能影响某些股东的实际控制权力与影响力，也影响着股东在某些事件上的行为方式。有研究证实，公司其他股东与第一大股东之间的关系越密切，就越有可能合谋获取较高的减持收益（蔡宁、魏明海，2011）。控股股东一致行动人的持股显著增强控股股东的侵占效应，而制衡股东的一致行动人持股比例的增加与控股股东侵占效应成反比（卫昕，2013）。

2.3.2.2 股东关系对股东控制权结构的影响

单纯观察公司的金字塔控股结构、采用 LLSV（1997）或 Claessens 等（2000）的计算办法，虽然能清晰地计算和衡量股东两权（控制权与所有权）分离度的指标值，但却不能准确地逼近公司内部控制权的真实状态，这是因为这些方法对于控制权与收益权的衡量，都以既成事实的股权结构为计算起点，忽略了其他影响股东控制能力的股东关系。后来在相关的实证研究中，对股东超额控制权基于“股东关系”的测度开始考虑以下方面：①投票权委托与一致行动[①]等协议。指股东通过这些协议、合作或关联关系，将关系人的投票权捆绑在一起，使相关股东主体取得额外投票权，提升其控制能力，同时也造成了控制权与现金流

① 《上市公司收购管理办法（2012）》称一致行动是指投资者通过协议、其他安排，与其他投资者共同扩大其所能够支配的一个上市公司股份表决权数量的行为或者事实。《办法》列举了 12 种界定为一致行动人的情形，包括股权控制关系、任职关系、家庭关系等关联关系形成的一致行动。

权的分离（Villalonga & Amit，2009）。但这种分离程度会因产生关联或一致行动关系的类型不同而有所差异，如因家庭关系形成的一致行动关系时，股权收益回报的现金流也集中于家庭内部，从某种程度上说分离度并不大，相反，股权委托协议导致的控制权与现金流权分离程度要更大一些（卫昕，2013），因此对股东关联关系的分类研究是一个很有意义但未被充分开发的领域。②董事会超额席位。指公司董事会成员中某类股东的实际席位占有率与其持股比例的差额[①]，实际控制权较大的股东可以通过其影响力争取比较多的董事会席位，因此超额董事席位也可以作为描述股东超额控制的替代变量（Villalonga & Amit，2009）。这种超额控制权的产生已经脱离了股权结构的安排，很大程度上依赖股东的权威、关系等隐性影响力。

2.3.3　基于资源观的股东控制权配置

（1）资本概念的扩展——股东资源。近年来，随着知识经济与创新时代的发展，智力资本、人力资本乃至社会资本等理念不断勃兴，资本仅限于货币形态的观念被打破，传统观点下股东“同质化”假定所依据的核心概念——资本，其内涵和外延都在不断拓展（汪青松、赵万一，2011）。股东并非只是公司财务资本的提供者，他们在向公司投入财务资本的同时，连带注入与其个体“不可分割”的其他非财务资源（如个体的社会关系、个人管理能力、股东等）。股东的异质性，进一步体现为股东资源投入的差异性。很多股东资源一般并不能通过市场购买或自身开

---

① 某股东超额席位占有率 = 实际席位比 - 股东持股比。其中，实际席位比等于股东派出董事数除以董事会规模。考虑到独立董事的“独立性”，分母调整为（董事会规模 - 独立董人数），即实际席位比 = 大股东董事实际席位/（董事会规模 - 独立董事人数）。

发产生，只能通过股东投入转移而来，即企业通过接受不同身份的股东而获得各种资源（陈炳亮，2011）。因此，股东在本质上可以看作一个为实现价值增值目标而聚合在一起的群体，股东资源的优势互补性是不同类型的股东聚合于公司的核心原因。

（2）股东角色——资源所有者参与价值创造。股东在公司中的作用并不单纯体现在公司治理方面（对经理人的监督），股东及其资源同时也在公司价值创造过程中发挥重要作用。

正是股东非财务资源的异质性以及相互依赖才促成了股东群体的聚合与企业的创立。如，企业的创始股东多以独特的人力资本与关系资本见长、而以财务资源与市场资源短缺为普遍现象，则接受财务股东投资以解决资金需要、接受产业股东投资以克服产业资源约束的问题，是创业企业发展过程中的必然选择。根据“资源基础理论”，股东资源的差异性（如政企关系、管理经验、融资能力等各方面都可能不同）带给企业不同的竞争优势，外部股东的选择与股东关系的构建，也即创始股东对这些资源的不同的组合与利用方式决定了企业的竞争能力，进而影响企业的业绩与价值。现实中，股东（尤其是大股东）并不单纯是收益回报的监督者角色，同时也依据其资源在公司享有一定的管理与治理参与权，参与公司的价值创造过程。既有研究中，创始股东的家族创业资源、国有股东的政治关系资源、外部机构投资者的融资能力与公司治理经验、海外股东的国际市场背景等对企业价值的影响，都可以归为“股东资源与企业价值创造”的研究框架。而葛永盛和张鹏程（2013）按照股东投入资源的不同特征对股东进行的分类研究，发现家族企业会根据自身的债务水平、专业化程度与融资偏好选择不同类型的外部股东，不同类型外部股东对家族企业的公司治理效率产生的影响显著不同。

（3）基于股东资源的股东控制权结构。对“股东投入”的理解由“资本”拓宽到“资源”的同时，对于股东治理角色与控制权分配的讨论也需要转换新的观测视角。目前，以“资源依赖理论（RDT）”解释股东控制权的配置已得到学者们的普遍认同，即股东关系的形成是基于股东资源的相互依赖性（Barney，1991），股东控制权的配置具有内生性，依赖于不同的资源要素凭借各自的市场地位和谈判力自发形成（Rajan & Zingales，1997；Rajan & Zingales，2000；罗福凯，2009）。基于股东资源的权力观点找到了股东权力的真正来源，沿着这一思路进一步分析我们发现，以财务资本投入比例与股东关系的分析也不足以反映股东控制权的配置基础，事实上，股东的所有权及持股比例与实际控制权的形成均是以股东资源的重要程度为基础。股东投入资本所得到的持股比例的大小，取决于融资合约签订之时对股东资源的合理估价与相互依赖程度。资源的重要性、股东获得或使用资源的难易程度以及资源可替代性成为界定股东实际控制权力的合理依据（马迎贤，2005）。

2.3.4　小结：股东资源是创业企业公司治理研究的新视角

（1）股东资源是公司治理研究的新视角。“股东资源”观点的引入，打破了传统公司治理与产权理论中股东“同质化”的假设，对股东、股东投入与股东治理角色的认识也逐渐深化。综上可得出结论，股权结构与股东关系构建以及股东权力配置的基础，本质上是异质性股东资源以及股东间的资源依赖性的体现。股份公司内部权力配置基础由“资本”转向“资源”，同时也推动财务学的股权结构研究逐渐由财务资本结构向股东资源结构转变，表 2－1 沿“资本——股东——股东资源”这条主线总结了这种转变过程中的主要观点：

表 2－1　　股东控制权基础的演变

控制权构建基础	资本	股东	股东资源
股权结构的刻画	财务资本比例	股东性质与股东关系	股东资源类别
股东异质性	股东同质化	股东异质化	股东资源异质化
股东角色职能	资本投入者与收益监督者	收益分配索取者与监督者、公司治理参与者	企业价值创造者、公司治理参与者、收益分配索取者与监督者
股东超额控制权产生的原因	特殊股权结构安排	投票权委托或一致行动关系	股东资源价值的动态性、权变性与股权合约的静态性

基于“股东资源”对股权结构、股东关系、股东控制权的分析更接近股东权力来源的本质，对于现实中的经济现象也更具有解释力。对于“股东资源”的思考引导我们开启股权结构构建、控制权配置、公司治理与企业价值等研究的新思路，股东的非财务资源如何体现在控制权配置过程中？不同类型股东资源在企业价值创造与公司治理中的作用有何不同？企业如何构建股东资源组合才能避免股东之间的权力纠纷、提高企业价值创造能力？这些话题将成为比较有意义的研究领域，也是未来实证研究的重要方向。

（2）创业阶段的公司治理更应关注股东资源。公司治理研究主要关注公司治理机制的治理效率，如董事会机制、经理人激励机制对企业绩效与价值创造等方面的影响。公司治理机制形成的基础基于传统财务资本的投入，如股东权利的分配也基于持股比例的多少。然而，当考虑企业的发展阶段之后，这一治理机制的基础可能会发生改变，因为在企业的不同发展阶段对资源的需要不同，导致不同资源的相对重要程度在不同时点上具有较大的动态性能变化特征，资源所有者在不同阶段出现在企业内部，其控制能力与所充当相应的治理角色也会随之改变。Sirmon 等（2011）的研究解释了企业在不同的发展阶段（创业阶段、成长阶段以及衰退阶段）的资源需要与资源使用情况对所有权结构的影响。比如，一个处于创业初期的企业的所有权可能归属于一个家族；而在成长阶段，创业家族与风险资本可能分享的企业所有权；成熟阶段的企业则会通过公开发行股票在股权市场上获取外部资源，家族产权可能会逐渐退出。显然，在企业不同阶段与不同的产权属性下，企业资源的获取与发展能力是不同的，但是，一直以来，结合企业发展周期与股权结构对企业资源的研究几乎没有。出于这一考虑，本书重点关注创业阶段的股权结构构建问题，以创业企业为研究对象，研究企业在创建初期的股东资源对创业企业融资行为的影响，以及股东资源组合特征对企业长短期创业绩效与价值创造能力的影响，从产权属性角度进一步完善资源基础理论。

2.4　资源依赖理论、公司控制权配置与股东资源

2.4.1　资源依赖理论

（1）资源依赖理论的起源。早期的组织理论主要是以内部规则为主，采用封闭系统分析模式，并不考虑组织外部因素对组织运行的影响。20 世纪 60 年代以后，组织与环境的关系问题逐渐成为组织研究的重要问题，组织理论的研究逐渐转向开放系统模式，逐渐盛行的理论代表有新制度主义理论、资源依赖理论和

种群生态理论。

资源依赖理论（RDT：Resource Dependence Theory）的基本假设是，任何一个组织都不能够完全做到资源的自给自足，所有组织都对外部环境存在一定的依赖性，都必须与其外在环境进行资源交换，以满足组织生存所需要的资源。Emerson（1962）全面阐述了“依赖—权力”的关系，并于1967年提出组织间的“依赖—权力”综合性模式。Emerson提出在A与B的双方关系中，对一方的依赖导致其有潜在的权力，一个组织对另一个组织的依赖与对它能够提供的资源需要程度成正比例，越需要其他组织的资源便越依赖他们；而与可替代的其他组织提供相同资源或服务的能力成反比。即如果存在提供可替代资源的能力较强的另外组织，组织对被依赖组织的依赖性就会下降。对其他组织产生依赖的组织的董事会可以通过与其他组织建立竞争与合作关系来保护自身的地位。沿着资源的分析观点，Zald（1970）着重于组织内外的政治结构，引入了“政治经济”视角解释组织变迁的方向和过程，Zald认为组织为了避免资源的决断权外落而导致的自主性削弱问题，组织可以选择构建正式（如合并、协议、合资企业以及共同董事会等）或非正式（如价格垄断等）横向联盟和纵向联盟，来互相影响，改变依赖关系并进而改变组织关系中的决断权利的分配。

Pfeffer和Salancik（1978）的经典著作《The External Control of Organizations：A Resource Dependence Perspective》是资源依赖理论的集大成者。此后，组织理论研究开始脱离封闭的研究范式，正式地、明确地转向组织之间的分析层次，资源依赖理论（RDT）已逐渐成为最有影响力的组织理论之一。

（2）资源依赖理论的主要观点。Pfeffer和Salancik的主要观点有：①组织是理解社会关系的基本单位。②组织并不是独立运行的，而是处于整个社会关系中，与其他组织相互依赖。③相互依赖关系的不稳定性，导致组织生存与发展的不稳定性。④组织总是采取行动降低对外部环境的依赖，而这些行动又会产生新的依赖关系。⑤依赖关系不仅存在于组织之间也存在于组织内部，对组织的权力分配产生影响，进而影响组织的行为。

组织总是通过控制重要的资源提升对其他组织掌控的权力，进而减低对其他组织的依赖性，减少资源依赖主要由以下五种手段（Pfeffer & Salancik，1978），在此基础上学者开展了丰富的经验研究：①并购。组织通过并购减少竞争伙伴，通过吸收资源对相互依赖性进行管理，通过多元化降低资源依赖性。②与其他创业公司建立组织间关系，如通过建立战略联盟、研发协议、研究合作、市场协议、供销关系等等多种类型的关系，获得伙伴的资源。资源依赖理论也是合资企业的一个理论基础。③董事会规模与构成。不同于之前的代理理论（外部董事的职能是为了监督），资源依赖理论认为董事会是企业降低资源依赖的一个手段，Pfeffer（1972）发现董事会的规模与企业的环境需要与资源的依赖性有关，对外部依赖较强的董事会将会有较多的外部董事。董事带给企业的四个好处分别是：咨询建议的信息、接触其他企业与环境信息的途径、接近资源的途径以及获得合法性资格等，富有资源的董事必然是董事会的核心（Boyd，1990）。④政治关系。企业通过政治活动改善自身的外部环境，发现严重依赖政府的公司更倾向于进行政治活动（Meznar & Nigh，1995）：政治活动与公司的资源依赖正相关；环境相同的企业倾向于选择相似的政治活动；政治环境关联性增加的企业的业绩提升。⑤总经理继任计划。在总经理继任计划中的总经理选任问题也是资源依赖理论的一个分支，相关研究的观点主要有：组织内部的权利分配受组织外部资源依赖性的影响。总经理继任计划可以降低对外部资源的依赖。研究者发现，外部环境的变化影响总经理的轮换率。

在这一系列降低依赖性的活动中，最重要的问题是权力的概念，即对重要资源的控制能力。作为一种理念，权力是依赖于相互依赖的必然结果，同时也是依赖产生的限制与努力减轻这些限制的结果。以上这些观点，在组织理论与战略管理理论中已经被当做不证自明的公理一样广泛接受，成为其他组织理论发展与更多经验研究的基础。

2.4.2 以资源为基础的权力观

在资源依赖理论的发展过程中，有一个比较引人注意的议题，即基于资源视角对组织间权力来源与权力配置的解释贯穿始终，显示出较强的理论活力。这一解释视角与经济学中对于权力配置的分析截然不同，经济学中强调企业内部的权力是由“契约设计专家”赋予并分配的。而资源依赖性理论认为，权力与资源依赖有关，资源的重要性、不对称性决定了组织权力配置的不均衡，拥有相对重要资源的组织对其他组织依赖性较低的组织，在相互关系中居于主导地位。

（1）依赖性产生权力的观点：这在权力的一般理论中已经形成共识（Emerson，1962），Emerson 提出在 A 与 B 的双方关系中，对一方的依赖导致其有潜在的权力，A 对 B 的权力的大小与 A 抵抗 B 的影响的程度正相关，依赖关系的非均衡导致权力的不对称。关系中的弱者 B 可以通过退出合作（Withdraw）、建立更多新的权力关系（Power network）、建立弱者联盟（Coalition formation）或者寻求可替代的资源等手段来减低受 A 的影响的程度。

（2）组织理论中的资源依赖性理论（resource dependence

theory)：资源依赖理论是组织理论中的重要理论流派，也是其主导理论（Scott，2003）。关于组织权力，它的核心思想是：组织对外在环境的依赖性产生于对外部资源的需要，拥有越重要、稀缺、不可替代的资源的组织或个人在组织中的权力就越大（Hillman et al.，2009）。资源依赖理论的分析视角也常被应用于组织内权力配置，Pfeffer等也分析了组织内部的权力问题，认为能够提供关键资源的组织成员显然拥有较大的实际控制能力。

（3）现代企业理论中的企业内部权力配置：现代企业理论的发展离不开对企业内部权力的研究（卢周来，2009），其中交易费用理论（TCE）以及不完全契约（GHM）理论对企业权力的剖析已成为主流。总的来看，交易费用经济学的企业理论以交易为基本分析单位、以契约为主要视角，将每次交易视为一种契约，关于企业内部权力配置问题，均暗示存在一个"权威"的第三方负责契约的设计与执行，即与资产对应的权力是外生的，需要通过产权法律等有形的手段来规定公司内部的权利配置。

以科斯为代表的现代企业理论认为，市场上资源配置通过价格机制完成，企业作为价格机制的替代物，其内部的资源配置是通过科层结构下的"权威"和"命令"来进行的。科斯第一定理指出，权利的初始配置在没有交易成本的情况下并不影响最终配置或社会福利，企业的存在也失去经济基础。科斯第二定理指出，当存在交易费用时，权力的初始界定才变得重要，即法律（初始权力的强制界定）才有存在的意义。与此相呼应，威廉姆森是交易费用经济学的集大成者，他引入资产专用性、交易频率和不确定性这些交易维度，认为资产专用性是企业合作租金的主要来源，并提出以节约有限理性和抑制机会主义为目的，应将资产的控制权安排给专用性资产的投资方。即存在一个第三方权力来源来负责契约的设计与执行，契约并不存在自执行性。

（4）基于资源依赖和合作博弈的企业内部权力配置：企业的本质在于用要素市场的契约代替产品市场的契约。也就是说，为了节约市场上多次交易的成本，在要素交易契约中进行一次性总估价，企业通过“权威”对企业的资源进行统筹安排、组织生产，并对要素投入进行补偿[①]（陈宗胜和杨晓康，1997）。如果要素市场是出清的，无论是劳动还是资本总能无成本地找到雇主，这意味着企业不必成立，因而也就无所谓企业内部的权力控制关系。然而现实中，由于要素市场是非出清的，企业才有存在的经济基础，各资源要素的交易成本也就决定了企业内部权力的产生与配置状况。

首先，不易替代的资源要素获得控制权留在企业内部。卢周来（2009）将要素市场与企业内部的权利配置结合起来分析，指出由于资源的相互依赖与资源合作租金的存在，资源所有方首先会选择合作，合作框架的约束条件取决于通过要素市场重新购置要素的成本与组织租金的比较[②]，即替换成本比较高、企业比较依赖的要素，分配一定的控制权而将其留在企业内部。其次，对于企业来说越稀缺、越重要的要素，拥有越大的控制权，且内部权力的分配随着资源要素的边际替代成本的变化而变化。这是因为企业依赖程度高、替代成本高的要素具有较大的讨价还价能力，可以通过以退出相要挟，获得更多的控制权以及剩余分配。

不同于交易经济学理论下的权力来源的外生性观点，资源依赖的权力观认为企业内部权力是内生于要素市场，受要素资源的

① 这种要素市场的一次性估价并不能像市场交易中产品定价那么信息充分，所以要素合约所节约的交易成本与信息不足造成的损失之间的对比情况，决定了企业的边界。

② 此处组织租金可以视为要素投入所创造的回报，企业内部的权力可视为控制权及由此导致的剩余索取权或组织租金索取权。

稀缺性与不可替代性的影响，是参与者博弈的结果，因而权利配置可以自我实施，并不取决于所谓的“契约设计专家”的设计。要素相对价格的变化使得企业内部权力安排发生变化，相对稀缺的要素获得更多的控制权。比如，资本的相对稀缺性和劳动力的非充分就业状态，是以往企业中资本雇佣劳动的根本原因。而以后随着知识经济的发展与创新要求的提高，企业对人力资本的依赖程度越来越高，企业内部的权力分配也将发生显著变化。

以威廉姆森与哈特为代表的产权理论认为企业内部的权利来自于由第三方按照效率最大的目标进行设计并执行的最优契约，即为降低代理成本、避免机会主义行为而将控制权配置给专用性资产投资者。然而，设计与监督契约执行的第三方的权力从何而来，产权理论却无从解释（朱国泓和杜兴强，2010）。资源依赖理论从与他们完全不同的角度，合理地解释了股权融资契约参与者（股东）权力的真正来源。

2.4.3　股东资源与公司治理相互作用

（1）股东资源决定了股东参与公司治理的积极性。根据以上分析，股东的控制权配置基础是股东资源，股东的身份不仅是资源使用与经济租金分配的监督者，更是租金最大化的有力推动者。提供不同资源的股东，由于资源的特征不同、资源租金的预期不同，资源所有者参与公司治理的积极性也不同，也即股东资源决定了股东的行为方式与对公司治理的态度，公司治理的有效性也受股东资源的影响。总的来说，股东资源对公司治理的影响通过两条路径，其一，股东优势资源的占有决定了其在群体中的主导地位，正如Donaldson（1995）所说，一个控制着重要资源的组织有权操纵其他组织。其二，资源的不同特点影响股东参与经营与治理的积极性与角色的不同。与通用资源的所有者相比，专用性较强的资产的所有者对于公司控制权的欲望更强烈，即参与公司治理的积极性更高。

（2）资源决定权力分配与公司治理结构的动态调整。基于股东资源的权力观点找到了股东权力的真正来源，然而，沿着这一思路我们发现，股东实际控制权与所有权的分离总是不可避免。股东名义控制权分配结构依据财务资本的投出比例确定，而股东在公司内的实际控制权则取决于包括非财务资源的全部股东资源，股东资源的相互依赖性决定了股东在公司中的地位与控制能力。然而，股东之间的资源依赖关系并不是一成不变的（Donaldson，1995），它取决于股东对资源的占有情况与股东资源在不同时期的重要程度的变化。首先，股东的资源占有情况是一个动态演化的过程，随着企业的发展，各股东也在以各种方式强化自身资源，进而提升实际控制能力（Yan & Child，2004）。李自杰等（2009）通过对知识型合资企业的研究，发现知识的学习与转移影响合资双方讨价还价的能力，崔淼等（2013）采用动态视角研究跨国公司控制权配置与股东资源动态演化的关系，指出合资企业各股东控制力量的对比主要依赖于各自拥有的资本、技术和市场资源的较量。其次，经济与技术的发展也改变资源要素相对依赖程度。技术进步引发资源要素边际生产率的改变，进而改变了资源要素的替代成本与相对稀缺程度与重要程度，资源要素市场格局改变，进而导致企业内部生产模式和权力配置模式的变革（邓颖，2012；罗福凯，2009）。比如，随着资本市场的发展，财务资本的稀缺程度逐渐改善，而新经济的兴起导致人力资源重要性提高（方竹兰，1997；Zingales，2000），则拥有人力资源的股东的控制权将逐渐增强，财务股东的控制权会相对弱化，这符合马克思经典的“生产力决定生产关系”的论断。股东的实际控制权总是随着股东占有资源的情况、股东资源的重要性等改变而发生变化，因此，股东的实际控制权结构是时变的、动态的。然而，基于融资合约的股东所有权却是历史的、静态的，随着时间的推移，二者便不可避免地发生分离。当实际控制权大于名义控制权时，股东资源租金不能通过名义控制权的合法回报得到弥补，拥有实际控制权的股东通过“超额控制”能力获取私有收益，必然造成公司控制权争夺的产生，导致公司治理结构的动态调整。

（3）公司治理对资源使用与租金分配的影响。公司治理对资源的使用过程同样产生重要影响。如果公司治理系统缺乏有效的激励和监督机制，就不能督促管理者去执行相关行为。经验研究认为，尽管必要的资源已经存在，超额利润也可能无法获得。良好的公司治理保证了资源使用的正确决策，然而，此类研究无论是在公司治理领域还是在资源理论领域都未得到充分的研究。如，投入不同资源的所有者在不同的企业寿命周期内的治理角色是否发生变化或发生什么样的变化，公司治理是否会受到管理者与创业者资源属性的影响，这些问题迄今为止缺乏相应的研究。King Garbuio 和 Lovallo（2011）曾提出资源所有者总是对自身所拥有的资源给予较高的估价，而对不具所有权的资源评价则比较低，这被称为公司治理中的“资源禀赋效应”，即资源占有会影响资源主体的决策，使他们不易作出合理剥离低效率资源的决定。相反，良好的公司治理机制有利于避免这种不合理的行为。

资源使用所产生的经济租金的分配也是被众多资源学者忽略的一个空白领域（Alvarez & Lowell，2001；Coff，1999）。资源租金的分配同样取决于资源投入方的谈判能力，比如拥有重要、有价值、不可替代资源的一方，在租金分配中必然具有较大的权力，可以获得较高的租金分配。在为数不多的研究资源租金分配的文章中，Sun，Wright 和 Mellahi（2010）通过对中国公司的

MBO 过程中各方谈判过程的分析，指出政治官员和管理者具有不同的谈判能力，而且这一差别受其人力资源与社会资本的影响。

总之，资源基础观在公司治理领域有更多进一步研究的可能性，即什么样的股东资源配置最有利于公司治理的稳定？什么条件下公司治理是持续竞争优势的源泉？对这方面的研究才开始。股东资源与公司治理如何相互作用，股东资源如何通过影响公司治理，而进一步在公司价值创造中发挥作用，这些问题都有待进一步探讨。

2.4.4　小结：基于股东资源对股东权力配置

本部分回顾了资源依赖理论的起源、主要观点与研究现状，并从资源依赖理论的研究中提炼出“基于资源的权力观”，即组织的权力配置与资源的依赖性有关，资源的依赖性决定了资源所有者的权力结构，这给本书研究股东资源与公司治理提供了以下启示：（1）股东群体的权力配置取决于股东资源的依赖性，拥有重要的、不可替代资源的股东享有较大的实际控制权。（2）不同的资源背景影响股东参与公司治理的动机与能力，投入不同资源的股东在公司治理中的角色不同。（3）股东资源组合的特征影响公司的治理效率，即股东资源的互补性与匹配度决定了股东治理角色的协调与否，基于多样化、互补的资源组合而构建的股东关系有利于建立分工明确的治理机制，也有利于公司治理效率的提高。（4）股东资源与公司治理相互影响，较优的股东资源组合（如多样化、互补的资源组合）激励股东发挥恰当的治理作用，而良好的公司治理又促进资源的高效使用，增进公司价值；相反，不当的股东资源组合（如股东类型相似、股东资源单一等）可能导致股东公司治理角色的混乱、控制权的争夺等，带来治理效率的低下，进而影响企业价值。本部分的分析，为本书构建“股东资源——公司治理——公司价值”的研究思路奠定理论基础。

2.5 文献评述总结

资源基础理论与创业理论都一致认同企业资源对企业发展的重要性，创业资源是决定创业绩效的核心因素，这为本书基于资源研究创业绩效奠定坚实的理论基础。然而，大多数关于资源基础理论的研究均基于“企业资源”的异质性分析企业竞争力的差异，而忽略了企业资源的获取、资源的产权属性、资源整体特征与内部构成等问题的研究。创业阶段的资源主要来自于股东资源投入，而现有的股东与股权结构研究却仅关注股东财务资本的投入，忽略了股东其他资源的异质性对股东行为以及公司治理的影响。通过对股权结构研究中股东控制权配置基础的分析，“股东资源”在股东控制配置与公司治理中的重要性日益突出，这也符合资源依赖理论的“权力观”，资源依赖理论为本书的关于“股东资源与公司治理”的相关研究奠定理论基础，但仍有以下有待探索的空间为本书基于“股东资源”研究企业绩效指明方向。

2.5.1 对企业资源获取问题的思考

对企业资源获取问题的思考，引导我们进一步分析创业企业的股东资源聚合对绩效的影响。资源基础理论的研究集中于企业既有资源对企业竞争力的解释，而忽略了资源的获取问题。当考虑资源的获取与来源时，至少有以下问题值得进一步研究：(1) 企业应当获取什么样的资源？即什么资源对企业才是有价值的？某项资源对于企业是否有价值，应当取决于企业是否需要，换句话说，即具体企业对资源的价值性判断具有一定的经济主观性。企业应该根据自身的资源需要（它取决于企业自身的战略需要与资源禀赋），选择与获取外部资源。比如技术资源丰富的企业也许倾向于选择资金或市场资源丰富的外部股东，以获取其资源。(2) 企业构建什么样的资源组合，最有利于竞争力的产生？当然，重复的、冗余的资源获取是不经济的，同类资源的获取有可能造成资源的浪费，不能发挥资源的互补性对价值创造的益处；另一方面，同类资源的所有者在企业管理与治理中的角色重合会导致权力的争夺，因此企业选择获取异质性的资源，并最终构建多样化的、互补的资源组合，更有利于竞争力的提升。当然，这些都需要进一步实证检验。

2.5.2 对企业资源产权属性的思考

对企业资源产权属性的思考，引导我们在分析中引入资源所有者即股东的角色，并进一步分析资源属性对资源所有者行为的影响。企业仅拥有资源是不够的，还必须对资源进行管理，资源管理是指管理者出于创建与保持企业核心竞争力而进行的资源构建、组合、使用等活动，Sirmon 等（2007；2011）阐述了管理者在资源管理过程中作用。然而，所有基于资源基础的研究都假设企业拥有并有权操纵与控制管理资源，这一假设可能存在两个方面的缺陷：一是夸大了管理层对资源的控制权，忽略了资源所有者的作用。二是忽略了资源属性对资源所有者行为的影响。对于第一个方面，当强调管理层的资源管理作用时，公司治理理论中的“管理者与股东”的第一类代理问题不可避免地引入分析者的视线，它必然影响管理者对资源的使用决策，即管理者与股东的关系、股东参与公司治理的角色等公司治理状况会影响资源管理效率，但这在企业管理与战略理论的研究中没有得到关注。对于第二个方面，当在资源管理中引入股东（即资源所有者）的角色时，资源本身的属性特性与价值最大化所要求的资源使用方式，都必然影响其所有者参与公司治理与管理的动机不同。这也引导本书从资源类别、资源属性角度，开展创业企业资源组合特征对其公司治理影响的研究。

2.5.3　对资源权力观的思考

对资源权力观的思考，引导我们进一步分析股东控制权的配置基础。简单来说，资源依赖理论的研究可以分为两大方面。一是从组织与外部环境关系的角度解释组织战略的选择问题，组织出于降低资源依赖性的目的而进行的与环境之间的资源交流活动、资源管理活动影响着组织之间关系的构建。如，组织之间可以通过合作协议、合资、股权参与、并购等联盟形式来交换、获取所需要资源，降低对环境的资源依赖，突破自身资源约束。二是组织之间的资源依赖关系决定组织间的权力分配，基于资源的权力观在解释组织之间权力来源方面已成为一个核心理论。威廉姆森（1996）认为“资源依赖性理论是组织理论中的两个主导理论之一，……资源依赖性在很大程度上就是一种权力视角”。事实上，这两个方面的现有研究都偏重于组织之间的层面，当深入组织内部，研究企业内的权力配置时仍可沿用这一分析视角。企业资源的构成来自于股东资源的聚合，创始股东通过对外部股东的选择并最终构建资源组合来突破创业资源的有限性，而股东群体间的资源依赖的不对称性也决定了股东对企业控制权的不均衡。因此，创业企业股东资源的类型与组合方式均有可能影响公司治理状况，进而影响企业创造价值的能力。

综上，通过对资源基础理论、创业理论、公司治理理论与资源依赖理论的文献回顾与评述，我们发现，基于资源的研究忽略资源的获取问题、忽略资源所有者的作用、忽略对资源组合特征的研究。而基于股东的“公司治理与股权结构研究”又仅局限于财务资本，结合股东的资源背景来进行创业企业融资、股东选择与创业绩效研究的文献几乎没有。这启发我们选择股东资源这一研究角度，结合创业企业的资源获取问题，将创业企业的“股东资源配置与创业绩效”作为研究课题。

股东资源与股东类别

——创业企业研究的“资源逻辑”

本章引入该研究的核心概念——“股东资源”，对创业资源概念进行详细阐述，并借鉴企业资源与创业资源的分类方法对股东资源的具体内容进行分类，加深对股东资源的理解。本章的写作目的是进一步在文献回顾的基础上，明确“股东资源”这一核心概念的含义、类别，基于股东资源的不同对股东进行分类，并在对创业企业资源禀赋与需求、股东资源属性与资源结构等的分析基础上，初步构建本书的整体逻辑与研究框架，并对“股东资源与外部股东选择”、“股东资源与股东治理角色”以及“股东资源结构与创业绩效”等问题展开理论分析，确定各主要研究议题的具体研究思路。

3.1 创业企业的资源及其分类

3.1.1 企业资源及其分类

一直以来，在资源基础理论中，对资源的概念并没有一个统一的界定，企业资源类别也存在着多种不同的划分方式。经济学中资源的概念指“为了创造财富而投入生产的全部要素”，其中最主要的要素有劳动、资本、土地等3种资源。而管理学意义上的资源，则在借用经济学概念的基础上，逐渐倾向于指知识与信息密集型的各类生产要素及其组合。如 Penrose（1959）认为，企业是建立在管理框架内的各类资源的集合体，企业的重要功能是通过“获取和组织”各种资源向市场提供产品或者服务并获得财富。Wernerfelt（1984）认为，资源包括给定企业的“任何被认为是可以促使企业强势或弱势的事物，从某一时点的静态来看，企业所持有的资源又可以被定义为那些长久或比较长时间地属于企业的（有形或无形）资产。比如：财务资本、贸易合同、商标、技术陈果、技术熟练的雇员、运行机制、高效的运行程序等。Grant（1991）认为资源是生产过程的要素投入，其本身很少具有生产性，主要包括机器设备、品牌与声誉、专利技术和雇员的人力资本等，对资源的合理利用与配置才带来价值。Barney（1991）随后又拓展了资源的概念，认为企业资源是由企业所持有或实际控制的所有资产、能力、技术、知识与信息、组织流程和企业特性等全部要素，企业正是依靠这些因素为基础来制定、施行和提高其战略的效益和效率，也就是说，企业资源是“企业在实施其战略时可资利用的所有力量”。Amit 和 Schoemaker

(1993) 也指出，企业的资源是企业拥有或控制的要素，通过与其他企业资产的协同使用被转换成最终的产品或服务。具体包括可以分为交易的知识（如专利与特许权）、财务或物质资源（财产、厂房与设备）与人力资本。

企业管理理论中资源是一个很广的范畴，而且其外延与内涵被不断扩大与泛化。更有学者提出了泛资源的概念，即资源既包括财务资源与物质资源等有形资源，更包括自然环境、人力资源、信息资源、科技资源等无形资源，又包括时间资源、空间资源、社会资源等更广泛意义的资源（张险峰和葛宝山，2011）。资源并不仅限于以“物”的形式表现的各种要素，资源的管理能力同样也被普遍看作能够为企业带来持续竞争优势的企业资源(Teece et al.，1997)。企业对资源的管理能力（Capabilities）是指建立在信息基础上，通过长期的资源管理过程建立起来的有形的或无形的管理流程。

学者们对这么一个复杂的、内容庞杂的“企业资源概念”的解释通常采用抽象提炼与举例描述的办法，比如简单来说，资源概念可以抽象为“企业控制的可资使用的一切要素”，因其表达过于抽象，随后对资源具体内容进行描述与举例几乎成了多数学者的必然做法。大多学者在按照自己的研究定义“资源”之后，都随即给出资源的主要类别与所包含的具体内容。表3-1简单列示了中外学者关于资源的定义与分类办法。

由于没有统一的资源概念，没有统一的分类标准也成为必然。被广泛接受的资源的分类方法主要是基于表现形式与具体内容两个方面。按照表现形态划分，资源包括有形资源与无形资源(如，Grant，1991；罗辉道和项保华，2005等)。而按照具体内容来看，资源的概念又分为狭义资源与广义资源。狭义资源，也即学者所说的相对静止的有形资产、项目、属性和存在，主要有人（如人力资源）、财（如资金资源）、物（指物质资源，房产、设备、原材料等）等，而广义资源则除了包括狭义资源之外，自然界和人类社会中任何有用的、有价值的物质都可以看做资源，任何对企业选择和实施战略有价值的要素都可以被看做企业资源，比如企业的人力资源、财务资源、社会关系、品牌形象、知识产权、自然环境以及使用资源创造价值的能力（如组织资本、动态能力等核心竞争能力等）等等。

在相关实证研究中，学者对于资源的划分更加细致，如Wernerfelt（1984）的实证研究中提到对资源的三维分类方法，分别是是否归企业所有、是否具有异质性、是否具备完全流动性。罗辉道和项保华（2005）提出从企业资源本身、企业资源和竞争优势的关系这样两个方面来构建企业资源概念与分类框架的二维分类法，第一个维度的划分可以将资源划分为狭义资源与广义资源，从第二个维度可将资源划分为普通资源与战略资源，这种分类方法是国内学者资源基础理论研究的典型框架。罗友花和李明生（2010）则提出了从资源的表象性标准、资源的功效性标准和资源的约束性标准三大标准的共同作用的“三三制”资源分类方法。按照表象性标准，可以将资源划分为有形资源与无形资源，功效性标准将资源划分为一般性资源与战略性资源。按照资源的流动约束性标准，可将资源划分为专有（firm speccial）资源与国别（country speccial）资源。

表3-1　　企业资源的定义与分类

研究者	资源定义与构成
Penrose（1959）	资源包括实物资源（企业购买、租入或生产的供自己使用的实物）与人力资源（按照契约条款租用的员工）
Ansoff（1965）	财力资源、人力资源和物质资源

续表

研究者	资源定义与构成
Wernerfelt（1984）	任何被认为是可以促使企业强势或弱势的事物，可被定义为半永久性的有形和无形资产
Barney（1991）	企业所持有或实际控制的所有资产、能力、技术、知识与信息、组织流程、企业特性等
Amit & Schoemaker（1993）	企业所拥有或控制的全部的要素。具体包括可以交易的知识（如专利与特许权）、财务或物质资源（财产、厂房与设备）与人力资本
Miller & Shamsie（1996）	以资源的可模仿性障碍划分为基于所有权与基于知识的资源。基于所有权的资源包括实物资源、财务资源、人力资源与商标专利，基于知识的资源包括技术资源、管理资源与本地知识等
Das & Teng（1998）	财务资本、物质资本、技术资本、管理资本
Ardichvil（2000）	财务资本、物质资本、人力资本及社会资本
Ahuja G.（2000）	技术资本、商业资本、社会资本
Newbert（2007）	财务资源、物质资源、人力资源、知识资源、组织资源
刘益等（2004）	金融资源、技术资源、物质资源与管理资源
林嵩等（2005）	一般企业：物质资本、人力资本、组织资本。高科技企业：资金资源、场地资源、人才资源、科技资源与管理资源
黄茂生（2008）	经济资本、人力资本与社会资本
李薇、尤勇（2010）	物质资源、技术资源、管理资源与市场资源
罗友花和李明生（2010）	对特定主体带来力量与弱点的任何物质，分为有形资源与无形资源，一般资源与稀缺资源，或专有资源与国别资源

综上可以看出，企业资源绝对不是一个简单的物质资产集合，而是——不仅包括那些企业所拥有的资源要素，还包括那些对资源要素拥有使用权的人们；不仅包括能够带来企业竞争优势的 VRIO 资源，也包括普通通用类资源；不仅包括从属于人的资

源（如人力资源、社会资本等），也包括不从属于人、与资源所有者可分离的资源（如财务资本、组织资本、技术资本等）；不仅包括企业拥有所有权的资产，也包括企业没有所有权但可以控制其使用权的资产；不仅包括专用资源也包括通用资源。

3.1.2 创业企业特征与创业资源

以上对于资源的定义与分类大都来自于企业竞争优势研究或战略管理研究的需要，适用于普通的成熟企业。而创业企业是一类特殊的企业，是指处于初创阶段，高成长性与高风险性并存的创新开拓型企业。对于这一类的新企业来说，企业资源还处在开发与积累过程中，资源组合和资源结构处在动态的构筑阶段。创业资源能否成功地获取，是企业创业活动能否成功的关键，创业资源的合理构建也奠定了企业以后竞争优势的基础，创业资源的结构特征甚至直接决定了企业以后的商业模式、发展方向与战略选择，因此关注创业企业或企业创业阶段的资源问题是资源基础理论的重要方面。

所有企业都是由一个或多个创业者、识别创业机会以及使机会成为一个可存活企业的计划开始的。“创业者（entrepreneurs）”这一词语来自于法语词汇“entre（中间）”与“prendre（承担）”，即指在交易双方中承担风险的人，或指承担创建新企业风险的人。创业者与其他人最大的不同是具备开创能力，能够发现创业机会，汇集并整合所有必须资源，将机会转化为创业企业。

学术界并没有对创业的统一概念，以熊彼特为代表的“创新派”对创业概念的界定较广，对创业与创新并不作区分，他指出企业家就是能够实现“资源要素重新组合”的创新者，企业家的创新或者“创造性破坏”才是经济发展的原动力。也就是说，创业不仅指创办一个新企业，已建企业也可以实施创业行为，即围绕着那些有助于提高效率与效益的产品提升与商业模式改进等相关的创新性活动，又可以称为公司创业。

创业资源是实现创业机会的必要条件，创业本身就是一种资源的重新整合。创业资源是针对企业来说，“企业创立以及发展过程中所需要的各种生产要素和条件”（Newbert，2007；林嵩，2007）。对于创业资源的划分，比较有代表性的分类方法是将创业资源分为内部资源与外部资源，如Wilson（2002）对两类资源的来源进行了研究，他认为内部资源和外部资源在内容上没有区别，都包括物质资源、财务资源、人力资源、技术资源、组织资源、名誉资源等。他指出企业外部资源主要来源于两部分，一是来自于创业企业的水平网络，即竞争者；二是来自于创业者的社会关系和垂直网络，包括家庭和朋友，以及供应商。

Brush，Greene和Hart（2001）将全部资源划分为简单资源与复杂资源，其中简单资源是有形的、分散的或者是以所有权为基础的资源，复杂资源指那些无形的、系统的或以知识为基础的资源。财务资本属于比较简单的资源，而人力资本属于比较复杂的资源，其价值不易计量。

刘霞（2010）将创业资源分为财务资源与非财务资源，其中，财务资源指创业企业自有资金、风险机构投资资金、金融机构贷款、非金融机构支持等；非财务资源包括实体资源、人力资源、知识资源与社会网络资源。她指出人力资本与社会网络资本，对于创业企业具有非常重要的作用。

张险峰和葛宝山（2011）以企业为边界，将创业资源分为内部资源和外部资源两种。对于企业来说，内部资源包括人力资本、物质资本和财务资本，内部资源主要由创业者个人拥有并投入的个人能力、生产资料等资源构成，创业者的家族资源也可以看做创业者内部资源的一部分。外部资源主要指社会资本，即企业与现有或潜在投资者、制造商、供应商、顾客、分销商、政府部门的联系。基于对网络资源重要性的认识，张险锋与葛宝山（2011）将除关系资源之外的其他资源作为一般创业资源，并指出关系资本可以替代货币资本的不足、替代市场需求的不足、替代人力资本的不足，是企业最重要的创业资源。

余绍忠（2012）、林嵩（2007）按照战略参与程度的差异性，将创业企业的资源分成直接资源（科技、政策、信息资源）与间接资源（资金资源、人才资源、管理资源）两大类六个维度。其中，资金资源指企业所拥有的财务资本。人才资源指具有特殊技能的研发、管理等高素质人才。管理资源主要包括具有突出管理才能的人才与企业先进高效的管理制度体系，这都是提高企业资源配置效率的保证。政策资源指相应的政策扶持，比如人才引进政策、贷款优惠和投资服务等等。信息资源指企业通过各种途径能够及时、准确地得到市场需求、产品供给等信息，以争取到更多的生产要素资源，比如通过聘请专业机构，获取研发、采购、生产和销售的决策所需要的信息。科技资源指企业所拥有的技术研发能力、科研成果与专利技术等资源。

朱秀梅和李明芳（2011）将创业资源划分为资产资源和知识资源。资产资源主要包括金融、物质、人力和市场资源。知识资源的内容与表现形式比较多，主要包括行业、市场、产品和技术等商业知识；知识产权、技术诀窍、品牌声誉等无形资产；规范企业行为的各种制度设计、规章流程、企业文化与方针政策等等。另外他们认为，对于新企业识别和开发创业机会至关重要的行业和政策信息，也属于知识资源。可以看出，技术、知识、组织资本与信息资本等无形资源被认为是创业资源的重要构成内容。

创业资源的内容与分类见表3－2。

表3－2　创业资源的内容与分类

研究者	创业资源内容与分类
Timmons（1999）	可分为核心资源、基础资源、其他资源，核心资源与基础资源是生存型创业所必须的，其他资源的积累有利于创业绩效
Alexander & Ardichvili（2000）	财务资本、物质资本、人力资本和社会资本
Wilson等（2002）	组织资源、财务资源、技术资源、物质资源、人力资源、名誉资源等
朱秀梅等（2008）	人力资源、物质资源、技术资源、财务资源、市场资源和组织资源六种类型
柳青和蔡莉（2010）	把创业资源概括为人力资源、物质资源、技术资源、财务资源、组织资源和市场资源六类
林嵩（2007）、余绍忠（2012）	分为直接资源（资金资源、人才资源、管理资源）与间接资源（信息资源、科技资源及政策资源）两个维度六类资源
张险锋和葛宝山（2011）Brush等（2001）	分为外部资源和内部资源两种，并划分为财务资本、物质资本、人力资本、社会资本、技术资源和组织资本六大类
朱秀梅和李明芳（2011）	资产资源（金融、物质、人力和市场资源）、知识资源（技术资本、品牌、信息资本、组织资本）

基于以上分析，本书将创业资源定义为创业过程中能够满足创业需求、保证创业活动顺利实施的所有要素（朱秀梅和李明芳，2011）。在Timmons创业模型的三要素中，创业机会与创业团队从一定角度也可以看做是广义创业资源的构成要素，因此本书看来，创业资源的获取与资源管理才是创业过程最关键、最重

要的活动。在新企业筹备与初建阶段，对外界环境的搜寻与对稀缺资源的获取是创业者必须做的工作。然而，已有研究大多关注资源存量与创业业绩的关系等问题，虽然也强调创业资源获取的重要性，但对于创业企业如何获取所需要的资源却没有深入的研究。

3.2 创业企业的股东资源与股东类别

创业企业所需的资源有两个来源，一是自有资源，二是外部资源。自有资源是指创业者自身所拥有与自我积累的创业资源，创业者自身拥有的可用于创业的自有资金与技术、控制的物质资源、感知到的创业机会信息、自建的营销网络或管理才能等等是自有资源的主要构成内容。随着企业的发展，创业者很快就会发现自有资源并不能满足企业快速发展的需要。此时，企业根据自有资源所具有的优势，可以通过外部并购与接受投资不断地吸引新的资源进入企业，并与自有资源有条件地整合（张险峰和葛宝山，2011），这是创业企业引入外部股东的主要目的。因此，创业企业在选择与引入外部股东时，股东的资源背景及其预期能够投入的资源成为重要的考虑因素。

3.2.1 股东资源概念与分类

股东资源指“股东个体所拥有并投入于公司用以提升公司竞争优势与价值增长的所有要素”，不仅包括股东的财务资本，也包括股东以其他形式投入到企业、有助于企业发展的各类资源，包括但不限于物质资本、社会资本、人力资本、市场资源与技术资源等各种资源要素。

其中，（1）财务资本指股东投入企业的货币资金，流动性较强，属于典型的通用资源。（2）物质资本指股东直接以实物形态投资的以所有权为基础的资源，如机器、设备、厂房、建筑物、交通运输设施等生产物资形式，物质资本由财务资本转化，变现性与流动性较差。财务资本与物质资本又可以统称为经济资本或商业资本（Ahuja，2000）。（3）人力资本包括股东本人所拥有通用型人力资本（劳动能力）、特殊型人力资本（管理能力、创新能力等）。股东的特殊人力资本指其创新能力与管理能力等，体现为股东的经营才能、创新能力、管理经验、产品知识、顾客知识、技术知识等。这类资本不仅稀缺（方竹兰，1997；周其仁，1996），而且“专用性”程度高、风险难以分散。（4）社会资本指股东个人的社会网络资源，如政府背景、人际关系、客户关系、社会关系等，它们综合体现了创始股东在社会结构、社会关系中所建立的信任、权威、关系等资源优势和能力（关鑫和高闯，2008）。（5）股东的技术资源是指股东拥有的研发资源、产品制造技能、生产工艺、过程创新能力以及技术变革预测等（Cooper，1983），吸引拥有技术领先优势的股东，可以使创业企业有效地进行技术扩散与成功地研发新产品（秦剑，2011）。（6）市场资源。指股东的市场营销、供销网络、品牌影响力等资源。一般成熟企业的品牌影响力要显著强于新创企业，则与其他成熟公司合作，或者接受成熟公司的投资使其成为公司股东，也可以一定程度上利用其市场形象、品牌声誉、渠道资源等优势，提升自身的市场地位。

这些资源（尤其是非财务资源）所有权归股东个人所有，使用权也并不完全归属企业，股东对其投入水平、配置、使用具有决定作用。如股东的人力资源与社会资本等非财务资源与股东密不可分，只有股东本人才能决定这些资源投入的数量、质量、时机与强度，而且在必要的时候股东会以撤出相关资源来要挟被投资企业一定的控制权，借此参与公司的经营决策。创业企业对股东的选择，本质上是出于获取创业资源的目的。股东资源组合的结构与模式，将会直接影响创业企业未来的运营模式、发展能力与竞争优势。

鉴于对资源分类的多样性，本书拟借鉴 Wernerfelt（1984）的三维分类方法、罗辉道和项保华（2005）的二维分类、罗友花和李明生（2010）的三三制、朱秀梅和李明芳（2011）等对资源的分类方法，通过以下几个方面对股东资源进行分类，深入分析各类股东资源的特征。

股东资源的分类见表 3－3。

表 3－3　股东资源的分类

	划分标准	股东资源类别
1	按与企业的关系	内部资源与外部资源
2	按资源的表象性	有形资源与无形资源
3	按资源的形态	财务资源与非财务资源
4	是否具有异质性	互补资源与增补资源
5	资源的专用性	通用资源与专用资源
6	资源的可转移性	知识性资源与所有权资源

（1）按照股东资源与企业的关系，可以分为内部股东资源与外部股东资源。对于创业企业来说，内部股东资源一般是由创始股东及其家庭、朋友等创业团队积累的相关资源；而外部资源是存在于企业外部，需要通过购买或引入投资者的方式引入的资源。（2）按照资源的表象性，股东资源可分为有形资源与无形资源，有形资源包括股东投入到企业的财务资本与物质资本，无形资源则包括随财务资本投入而连带投入的人力资本、知识技术

资源、社会资本与市场网络等资源。有形资源的价值容易确定，可以体现在股权结构形成过程的融资合约中。即持股比例的确定以有形资源的价值来确定，有利于避免争端，这也是一直以来最常用的办法，但已不能适应知识与创新经济的发展需要。(3) 按照资源的形态，可以分为财务资源与非财务资源，通常股东财务资源仅指财务资本的投入，其他物质资源、技术资源、关注资源与人力资本等被视为非财务资源。非财务资源的价值不易确定，其原因在于各类非财务资源的市场不成熟，不易找到可比性资源，且其价值通常还会随着要素市场的供需变化与技术更新等情况而发生改变，因此非财务资源的价值通常不容易体现在融资合约中。(4) 按照资源的异质性程度，可以将股东资源分为同质的增补资源与异质的互补资源。增补资源指股东提供的与创业企业内部资源同质的或类似的资源，此类资源的获取大多是为了达到企业扩大规模的目的。而异质性的互补资源则是股东之间具有不同使用价值的资源。财务资源是同质性最强的资源，而非财务资源类别众多，此类资源的获取有利于增强创业企业的资源互补性。(5) 根据资源的流动性，可将股东资源分为通用资源与专用性资源，通用资源是指比较容易改变资源用途，且用途的改变并不会对资源价值造成太大损失的资源。而专用性资源则刚好相反，不易改变用途或一旦改变用途资源的价值将遭受较大损失。财务资本流动性最强的资源属于通用资源，而非财务资源大多形成具体的产业资源类别，有形的如厂房、设备等物质资源，无形的如研发成果等技术资源，或者经长期积累形成的独特管理特长等，这些资源不容易改变用途，也不易退出企业，属于专用性资源。(6) 按照资源的可转移性，或者资源壁垒情况，可以将股东资源分为基于知识的资源与基于所有权的资源。所有权资源是一个公司合法所拥有的资源，如财务资本、实物资本与人力资本等。所有权资源不可转移、不易被联盟伙伴获得，因为它们受所有权的法律保护，如专利、合同、财产所有权等。资源的所有者并不担心这类资源的转移与侵占问题。知识资源指一个企业的无形资源与专门技术等。知识资源不易模仿，因为它们往往是模糊与不明确的。专有技术、技能与管理资源，如果没有经过专利权的保护，都可以归为这一类（Hall，1992）。知识资源与所有权资源的区别是知识资源的保护壁垒不是很完善。所有权资源受近乎完美的法律保护，而知识资源比较容易受到非自愿的转移所伤害。股东投入技术资源时不得不考虑资源的丧失风险（Hamel，1991；Mowery，Oxley & Silverman，1996）。

3.2.2 基于资源的股东类别

创业企业的股东可以简单划分为创始股东与外部股东，其中，外部股东是指由公司创始股东在公司创建之后逐渐引入的其他投资人，包括各类战略投资者（如投资银行、产业投资基金、其他企业等），以及在公开发行上市之后所引入的社会公众股东。公众股东作为股东这一超大群体的“大量个体”，因其在资本市场中频繁进出，从而与创始股东和创业企业间的“关系”并不紧密，可以将其看做仅投入财务资本而游离于公司运营之外的投资者，不构成本书所特指的创业公司外部股东。根据外部股东投入企业的资源特征，又可将其分为外部财务股东与外部产业股东，其中财务股东主要投入财务资源，而产业股东则除了投入财务资源之外还有可能投入自身积累的市场资源、社会关系、技术资源等非财务资源。创始股东与财务类、产业类外部大股东，因其投资份额较大，在创业企业发展过程中发挥重要作用，本书将重点研究这三类股东的资源特征以及对创业企业的影响。

3.3 创始股东的资源特征

创始股东，是指企业的创始人，包括创建并管理公司、见证公司从有到无的大股东们。创始股东集创业者与管理者于一体、自我雇佣，兼具代理理论中的代理人与所有者角色于一身，一般拥有较高的持股比、较多的公司运营信息、对公司有较强的心理所有权（Begley，1995）。他们是财务资本、社会资本与人力资本（管理资本）的集合体，但是资源有限，通常不足以支持企业进一步发展，需要不断引入外部股东。

创业初期创业资源主要由创始股东的资源构成，这一特定阶段由于机会的模糊、市场的不确定性、资本市场的风险以及外在环境的变迁等，致使创业过程企业的资源区别于已建企业或成熟企业的资源构成（朱秀梅等，2008）。与成熟企业资源相比，新企业在筹备与初建阶段，创始股东的社会资本、能力、信息与技术等非财务资源所占全部资源的比重较大。

3.3.1 人力资源与社会资本

创业过程由创业者来主导，创业者或创业团队的个人资源就显得特别重要，这些资源是创业资源的重要构成内容。创业者的个人资源指创业者个人的人格特质和资源禀赋，主要包括个人的能力、所占有的生产资料及知识技能，创业者的家族资源也可以看做创业者个人资源的一部分（张险峰和葛宝山，2011）。

创业者人格特质指创业者具备的、区别于常人的创新与冒险等特点，如，Alvarez 和 Busenitz（2010）指出因为创业者具备对新机会的感知能力以及为规避风险而对资源进行整合的独特能力，创业者本身就可以称为一种具有个体特征的资源。创业者个体资源的价值受以下因素影响：（1）其个人创业倾向，创业者的风险态度影响其创业倾向，其风险承担能力越强，就越有可能采取创业行为。（2）创业机会识别能力，具备创业认知（Entrepreneurial cognition）等能力是创业者的必备素质，已有学者将认知心理学作为创业者机会识别能力的解释工具。

创业者的资源禀赋构成包括经济资本、社会资本和人力资本。其中经济资本指创业者个人拥有的财务资本与物质资源，包括创业者及其家人、朋友投入的第一笔原始资本与后续投入，以及所形成厂房、土地等各类有形资源。创业者的社会资本指个人关系资本、创业团队或创业家族的关系资本。Brush、Greene 和 Hart（2001）认为创业者的一种重要性资源即社会资本。在资源要素稀缺情况下，社会资本与关系网络可以取代产品开发、资本融资、创业和管理技术诀窍等不发达的外部市场，人脉与社会关系如同创业活动的润滑剂，有利于创业者获取更多的信息、资金，增加创业的成功率（朱秀梅和费宇鹏，2010；朱秀梅和李明芳，2011）。创始股东的人力资本既包括公司创始人的通用型劳动，也包括创始股东的管理能力、创新能力等。Kansikas Laakkonen 和 Sarpo（2012）指出创业者的领导力与其家族资源都是创业企业的战略资本要素，企业家的能力是一个企业能力的源泉（贺小刚，2005）。

3.3.2 创新成果与技术资源

创业即将创意商业化的过程，新产品开发已被视为促进新企业有效创建的重要手段（Mcfarlane，2006），很多创业企业决定开展创业行为是因其拥有创新性技术或商业创意，而将创新性技术变成产品、将创意变成公司产品的商业化过程，就是创业的本质。因此，创业机会垂青于那些具有新的技术或产品创意的创业者，尤其是在知识经济与技术不断发展的当前环境下，不断的技术创新，是创业成功的前提。创业企业提高创业绩效总是依托于一定的技术（Gilbert et al.，2008），技术资源比较丰富的企业能够吸引更多的外部资本投入。由创意到产品的生产过程，所需要的财务资本与实物资本虽然也是创业企业最薄弱的资源，但是可以通过寻找代工等手段解决。而由产品到利润的关键则取决于创业企业对市场资源的获取与利用，与成熟产品的捆绑或者与拥有市场资源的大企业合作，借助其成熟的产品品牌效应、商业声誉、销售渠道或异地市场逐渐开拓自己的市场资源，也是创业企业常用的发展策略。创业企业往往通过接受成熟企业的投资、与其他企业签订特许经营等市场资源合作协议，获得市场资源。但这一切的前提都是创业企业具有吸引财务资本与其他企业合作的创意与创新成果。因此，在创业的最初阶段，创新的技术或产品创意是比较重要的资源之一。

3.3.3　信息资源与政策资源

信息资源指创业者获取信息的渠道、信息的占有量与分析信息的能力，这些都直接影响创业机会的发现与识别。识别某个创业机会的必要信息并不是广泛分布于所有人群，对于绝大多数的创业活动来说，专业化的信息收集、处理与分析，有助于其发现市场创业的机会。总的来说，识别创业机会的认知过程就是创业者将知识、技术与新信息相互融合，并激发创业意念的过程，进而产生了机会辨识与开发的行为。一些扶持创业的政策对创业来说也是一种可利用资源，比如能够得到政府投融资、财税等政策优惠与倾斜、优越的人才引进政策等，都可能增进创业成功的概率。对政策资源的利用，有时还会成为创业时机、产品与行业选择的重要影响因素，很多时候一条倾向性政策短期内就会催生很多创业企业。

根据以上的分析，可以发现人力资本、社会资本、信息资源、政策资源、技术资源等非财务资源，是创始股东资源的主要构成部分。现实中，大多数创业股东拥有较为丰富的技术资源与人力资本，而在财务资本、经营场所与合法性资源方面比较缺乏。创业者通过对自身初始资源的评价，明确当前的资源基础和能力禀赋，能够更好地确定开发创业机会所需的资源结构。接下来就应该进入资源的搜索与获取阶段（柳青和蔡莉，2010），有些资源被潜在的竞争对手所控制，有些资源掌握在关系网络内的个人手里，而有些资源则散布在社会网络之外，能否以最低的成本来获得所需的资源往往决定一个创业企业的存亡。

3.4 外部股东的资源特征

创业股东的资源禀赋长于技术成果、个人能力等，初始资金往往不足以用来开展各种创业活动，引入外部的财务股东，是其新技术、创新产品和经营创意能够进一步商业化的必要条件(王瀚轮，2014)。在融资研究中，人们通常仅关注创业者与财务投资者的关系，把创业资源获取与财务资本筹集等同起来，其实这是一种误会（秦志华和刘传友，2011），创业企业需要获取的互补资源并不仅仅是财务资本。新创企业在生产能力、市场占有、营销网络、品牌影响力等非财务资源方面也很欠缺，这些非财务资源的获取也是企业创建的必要条件，接受成熟企业的投资是获取此类非财务资源的有效途径。

3.4.1　外部财务股东的资源特征

外部财务股东通常指具有长期投资经验并投资于多家被投资单位的机构投资者，如投资银行、股权投资基金等外部股东。财务投资者往往拥有雄厚的资金实力，对缺少发展资金的企业有较大的帮助，其投资目的在于运用大规模的资金赚取投资回报，投资的模式通常是低价买入成长潜力大、资质优良的企业，一定时期以后再以高价卖出手中的股权而获得价差收益。与产业投资者相比，财务投资的特点是投入资源相对单一（财务资本）、与创始股东的资源互补方式简单，与被投资者没有直接的产品业务联系，目标企业不限定特定行业，其涉猎范围广，不以发展自身战略为目的。财务股东与创业企业利益高度一致。通过帮助公司打通资本市场通道、优化公司治理机制、充当有效监督管理者等活动，保证自身财务收益的获取。国外研究表明，有风险资本投资的企业发展较快、声誉较好、有机会接触新的联盟伙伴，且成功上市的机会较大等（Cox et al.，2015；Park & Steensma，2012）。

财务股东所投入资源以财务资本为主，财务资本的流动性与变现性较强，属于通用资源，其资源价值具备独立性，并不需要与其他资产相结合，其本身即具备财富价值，股东可以比较方便地通过转让股权而撤回投资从而投资于其他项目。财务投资者除了拥有所投入的“财务资本”及其所对应的股权之外，还具备公司治理经验、资本运作经验、法律知识等“人力资本”优势，这些资源在企业完善公司治理、战略选择、内部管理控制与建立外部资源关系等方面起到重要帮助作用。

3.4.2　外部产业股东的资源特征

外部产业股东是指以谋求长期战略利益为目的、长期持有大量公司股份并与公司有密切业务关联的投资机构者，一般是具有经营实体的成熟公司，产业投资者拥有一定的产业资源与从业经验，与被投资企业从事相同的产业或两者所从事的产业具有上下游关联性。产业投资者对外投资的目的是在自身战略规划的前提下，通过与其他企业进行资源互换获得新的资源，从而维持竞争优势或弥补发展短板。

产业股东除了投入财务资本之外，还在技术、管理、生产场所、市场经验、营销网络与品牌声誉等方面为创业公司提供互补资源，帮助公司提升技术、营销、管理、国际化进程等各方面的能力（Dushnitsky，2012）。通常这些资源具有特殊性和稀缺性，难以被模仿和学习，产业资源被投入到企业后，产业投资者仍然保留对资源的部分控制权和处置权。另外，相对于财务资本来说，非财务资本属于专用性资源，一旦投入不易撤回，比如创始股东与产业股东合资共建厂房，如果股东退出，所建厂房若挪作它用，其价值将大受影响。因为“产业资源”的撤回比较困难，产业投资者一般都长期稳定持股，不追求短期投机，而是寻求长期战略利益。产业股东的投资行为并不限于购买创业公司的部分股权，而更是一种资源互换行为（Dushnitsky & Lenox，2005），由于产业投资者有自身主营业务，其投资收益也不完全依赖于被投资企业，其与创业企业利益并非完全一致。

3.5 本章小结：创业企业研究的新逻辑——股东资源

随着我国近年来“大众创业”“万众创新”新态势的蓬勃发展，如何为创业活动清障搭台、积极创造条件、推动各类创新要素融合互动，成为中外经济实务界与理论界都重点关注的问题[①]。其中，外部资本与机构投资者在创业企业的创建、创新与发展中的角色与作用，成为近期学术界有关“创业与创新”研究中至关重要的热点话题。如，2010 年考夫曼（Kauffman）基金与《财务研究评论》（Review of Financial Studies）主办“创业企业财务与创新（EFIC，Entrepreneurial Finance and Innovation）”会议，重点讨论各类投资机构对创业企业创新绩效的影响作用。

3.5.1 “外部资本对企业影响”的现有研究逻辑

有关“外部资本对创业企业的影响”的研究大致分为两类，一是外部资本对创业企业绩效与成长的作用；二是外部资本对企业创新的作用。

3.5.1.1 外部投资者对创业绩效的影响

此类研究中创业绩效表现为企业创建是否成功、企业发展能力、盈利能力、企业的价值创造能力等多个方面。有不少文章分析风险资本（VC）与天使基金融资（angel fund）的融资作用（Chemmanur & Chen，2011；Kerr，Lerner & Schoar，2014），研究认为 VC 提供积极的监督、帮助高水平的管理团队建设、与供应商和顾客的合约与信用关系，缓解融资约束（黄福广和李西文，2009），促进企业的投资效率（黄福广等，2013），提高创业企业的销售收入增长率和员工人数增长率（庞仙君等，2015），有利于创业企业发展（Krishnan & Nandy 2011；Celikyurt，Sevilir & Shivdasani，2014；史恩义，2014）。但是关于

① 诺贝尔经济学奖获得者、美国哥伦比亚大学教授、就业与增长理论的著名代表人物、北京工商大学名誉教授埃德蒙德·菲尔普斯（Edmund S Phelps），提倡关注中国的“双创经济”以及中国经济新引擎将带来的好处。

天使投资的证据却比较少，天使投资通常投资于创业企业的更早阶段，可能是数据不好收集。也有一些关于独立风险资本（IVC）和公司类风险资本（CVC）投资的比较研究（Hellmann 2002；Fulghieri & Sevilir，2009），Lerner（2012）的研究指出，尽管独立的 VC 对创业企业的创新贡献很大，但是好像只对易于繁荣与易于商业化的产业有作用。因此他认为，也许激励创新的最佳途径是“混合”模式，如企业风险投资（CVC）项目，它结合了公司研究与初创企业研究。众筹（crowdfunding）融资对创业绩效的影响也是一个比较新的话题，但是 Chemmanur 和 Fulghieri（2014）指出，由于没有像其他风险资本与天使基金的管理建议与资本市场经验，长期来看，众筹对创业企业的好处可能并没有想象的那么大。

3.5.1.2 外部投资者对企业产品市场创新活动的影响

与此有关的几个问题分别是，外部资本对企业创新的发展是否重要？到底哪一种机构投资者的作用更大？他们对创业公司的创新作用机制是什么？也就是说他们是如何影响创新？根据对现有研究的总结，机构投资者一般通过以下几个途径影响创业企业：

（1）资金来源（金融中介与金融合约的性质）影响企业各个阶段的资金可获得性、资金成本，进而影响企业藉此而从事的创新活动。如，李建军和刘凤元（2013）的研究结论认为风险资本的投入提高了创业企业的创新投入与产出水平，并提高企业上市绩效水平。Celikyurt Sevilir 和 Shivdasani（2014）假定 VC 除了提供产品、技术以及其他创新要素之外，还帮助公司投资于高新技术与无形资源，他们的结论是 VC 的投资有助于公司的研发投入、专利的获取与专利的引用。

（2）融资合约对创新人员的激励不同进而影响产品市场创新。即融资方式与外部资本性质体现不同机构投资者对创新的态度、对风险的容忍度，这将直接影响对创新人员的激励与创新活动的顺利开展（Ferreira Manso & Silva，2012）。就像 Holmstron（1989）的研究所指出，由于研发投入具有较高的失败概率，预期收益是不可预知和盲目的，所以那些与财务业绩密切相关的融资合约不利于研发活动的展开，Manso（2010）、Ederer 和 Manso（2011）指出为了促进创新，融资合约必须能够容忍前期的创新失败行为。Tian 和 Wang（2011）的论文发现具有较高的风险容忍度的 VC 公司，具有较高的创新绩效（专利引用数）。Chemmanur Loutskina 和 Tian（2013）认为与独立 VC 投资的企业相比，CVC 的丰富的行业经验与对风险的容忍态度，更能促进被投资企业的创新。

（3）投资机构的制度特征影响被投资企业的行为。组织的惯例、制度与文化影响组织内部的成员，同样，不同类型的机构股东的组织制度特征也同样会影响其被投资企业（杜运周和尤树洋，2013）。基于这一视角的研究关注机构股东在经营模式、管理风格、风险态度、价值判断、组织目标、组织形式等组织内的制度模式各方面不同，对创业公司的不同影响，这在相关研究中被称为“制度逻辑（Institutional Logics）”。Almandoz（2014）谈到财务逻辑与社区逻辑两种不同的制度对银行风险态度的影响。Cox Katila 和 Eisenhardt（2015）的研究认为新企业的制度设计受投资机构的影响，他们分别从经营目标、商业模式、人员晋升等制度方面的不同，研究了独立风险投资（VCs）、公司风险投资（CVCs）以及政府资助三种机构投资者对创业企业的不同影响。研究结论认为 VC 对创业企业的商业模式有较大帮助，但无助于科技创新，CVC 对科技创新与商业模式创新的帮助都不大，而有较多政府投资基金的公司其技术创新较多而商业模式创新较少。王凯和吴东立（2015）基于制度逻辑分析视角，证实混合所有制带来股权层面的政治关联增强民营企业的融资约束，这是不同性质股东制度逻辑不兼容的后果。

3.5.2 创业企业研究的“资源逻辑”与研究框架

不同于以上的研究视角，本书选择“资源”视角解释外部股东对创业企业的影响。创业企业的股东既是创业资源提供者，又是资源管理的参与者，具有双重身份的股东在创业企业的公司价值创造过程中发挥重要作用。外部股东投入创业企业的资源既包括财务资本又包括非财务资源，非财务资源的特征更大程度上影响股东对公司管理与治理的参与动机与参与能力。本书以股东资源的选择与获取为起点来解释创业企业的股东选择与股权关系构建问题；通过对外部股东背后资源特征分析来解释股东的公司治理行为与治理角色；基于股东资源互补性来讨论公司发展、财务绩效以及价值创造能力等问题。某种程度上，这可以称为创业研究的另一种逻辑，我暂且称之为“资源逻辑”。

在这种逻辑视角下，创业企业融资行为可以视为创始股东为获取互补资源而引入外部股东的过程，创业企业股权结构的形成是创始股东对自身资源禀赋与资源需求充分分析的基础之上的主动选择结果，体现了创业企业构建互补资源结构的目的；同时，创业企业的治理结构与股东控制权结构是股东资源结构的一种反映，它体现了股东之间资源的相互依赖性、相对重要程度，拥有相对重要的、稀缺的、有价值的资源的股东在公司内部拥有较高的控制权；最后，股东资源结构必然影响创业企业未来的发展模式，互补的股东资源组合有利于异质性资源的发挥协同效应，有利于企业的业绩水平与价值创造能力。基于这一逻辑基础的创业研究相关问题值得更进一步的深入，本书将就“股东资源与股东选择”、“股东资源与公司治理”以及“股东资源与企业绩效”等三个问题在后文中展开实证研究。

第4章
创业企业资源结构与外部财务股东引入

创业企业的发展是各国政府和理论界关注的重点，然而一直以来，困扰创业企业发展的融资问题仍然没有得到有效解决，科技成果向现实生产力转化的动力依然不足（迟建新，2010）。创业企业的创业资源一般以技术资源与人力资源为主，财务资本是其在初创与成长阶段最稀缺的资源（Eisenhardt & Schoonhoven，1996；王瀚轮，2014）。因此对于科技创业企业来说，能否获得风险投资以满足其开发和商业化创新成果的需要是创业成败的关键（王瀚轮，2014；林嵩，2007；周冬梅，2011）。

然而这种投融资关系并不一定总能成功建立，现实中，总有很多创业企业因为缺乏资本投入而不能继续发展，也有很多风险资本的投资意向并没有被创业企业所接受。实际上，创始股东与外部投资人之间的股权关系构建，是资金需求方与资金供给方的双向选择的过程。在这一过程中，创业企业的资源禀赋不仅决定了其对外部资源的需求程度与需求类型（Wernerfelt, 2011），也决定了其能否成功吸引到外部投资，即创始股东的资源禀赋既决定其对外部资源获取的“动机”，又影响其是否能否具备接触外部资源的“机会”（Ahuja & Katila, 2001），毕竟风险资本的投资决策也是建立在对优质资源的筛选基础上。因此，创业股东的资源禀赋与资源结构，对于这一股权关系的成功建立具有重要影响作用。

创业资源要素市场上的信息不对称，也是这种投资关系不能成功建立的原因之一。由于风险资本对科技创业企业技术资源的质量并不具备充分的信息，逆向选择问题在创业企业资本市场上普遍存在。创业公司必须向潜在的投资者提供他们创新能力的可靠信号，才能吸引投资。专利技术被认为是一项能够提供创业企业质量信息的信号机制，可以减低在投资选择过程中的信息不对称与逆向选择问题，提升创业企业对风险资本的吸引，促进融资效率（Nadeau, 2010）。

本章在资源理论、财务理论和社会网络理论的基础之上，将创始股东的主要资源分为技术资源、社会资本与财务资本三类，强调专利技术的信号机制，兼顾投融资双方的需求与动机，从“动机”与“机会”的两个分析角度，分析创始股东资源的不同类型对 VC 投资的影响，并采用中国创业板上市公司的经验数据对假设加以验证。

4.1　创业企业与外部股权关系建立的基础：动机和机会

在资源稀缺的情况下，创业企业通过接受外部投资来获取外部资源。这种股权关系建立在以下两个条件基础之上：一是创业企业的资源需求，促使它们去寻找外部互补资源的提供方，即创业企业具有通过股权关系获取互补资源的“动机”。处在发展初期的创业企业可能会因为以下诱因接受新的股东以满足战略发展需要或资源获取需要，比如获取急需的资源（Nohria & Garcia，1991；Hagedoorn & Schakenraad，1994）、学习新的技能（Powell et al.，1996；Baum et al.，2000；Hennart & Francois，1988；Kogut & Bruce，1988）、管理（降低）他们的外部依赖性（Pfeffer & Salancik，1978）或者与竞争对手建立关系（Xu et al.，2013）等等。创业者利用自己拥有的技术资本、社会资本等初始资源禀赋，吸引外部风险资本（VC）或天使资本的投资，是大多数创业企业得以发展壮大的首要条件，因为外部投资不仅能为新创企业提供货币，还可以为新创企业提供合法性、管理和财务等方面的资源等（Hellmann & Puri，2002）。二是创业企业本身的资源足以吸引外部资源所有方，为双方关系的建立提供“机会”。基于资源基础观，创业企业股权关系的建立是投融资双方基于资源互补与资源依赖性的双向选择过程，只有创业企业的技术资源、创新能力或未来发展潜力能够满足外部投资者的投资回报要求，才有可能得到他们的关注，进而才能吸引到所需资金。即拥有颇具吸引力的技术资源基础，才能获得财务资本青睐的机会。另外，基于社会结构观点，现有的关系结构是前期关系模式的延伸，反映前期的关系模式（Gulati，1999；Gulati，1995；Gulati & Gargiulo，1999；Walker et al.，2000）。也就是说，一个企业是否能够争取到风险资本的投资，取决于是否有机会与创投机构建立这样一种关系，即企业在社会关系结构中所处的地位，是否有机会接触具有充足资本的外部投资者们，因此创业企业的社会资本积累也增加接近外部投资者的机会，在股权关系的初始构建中起着重要作用。

单纯依赖以上两种条件的任何一种，都不能对创业企业股权关系的建立有一个完美的解释。其一，资源派（即动机派）假设外部股东是随时可获得的、且资源的供给是无限弹性的（infinitely elastic）（Hagedoorn & Schakenraad，1990）。但是这假设的有效性，受到众多学者的质疑。建立股权关系不仅需要有主观动机，还需要外部切切实实有合适的投资人（Shan et al.，1994；Kogut & Zander，1992）。如果不能解释一个企业对合作伙伴的吸引问题，资源派的观点在理论上总是不尽完善的。基于资源互补的企业间联盟的一类文献，也是基于这种观点，强调资源联合给创业企业带来的好处。比如，大量关于联盟绩效的研究证实，企业间关系的建立有利于双方提升与吸收技术资源，抵御环境突变风险、提升生存前景与财务业绩等（Harianto et al.，1994；Ahuja，2000）；而关于 VC 投资与创业公司绩效的大量文献也证实，风险资本（VC）通常是以一个比较积极的角色，通过提供管理建议、介绍潜在客户、联盟伙伴、管理专家以及其他投资人等方式帮助创业企业（Hochberg et al.，2007；Hellmann & Puri，2002；Hsu，2006），并最终有利于创业企业的长期发展。风险资本创造了众多知名企业，如微软、苹果、eBay 等等。创业公司与 VC 投资者之间关系对业绩的正向影响，给人们提出这样一个疑问：既然创业公司能够通过接受外部投资提升业绩，为什么不是所有的创业企业都成功采用这一模式发展自身？一个可能的解释，就是企业并没有足够多的机会接触到有投资意向的风险资本，或者说并不是所有企业都能顺利地获得投资机会。其二，基于社会结构观点的相关研究，将研究的重点集中于社会关系建立的机会上（Kogut & Zander，1992；Gulati，1998；Gulati & Gargiulo，1999）。他们认为，企业现有的社会关系，通过影响潜在合作对象的可获得性而影响以后关系的构建。即未来的关系结构内生于现存的关系，这种观点又忽略了关系构建的资源基础与资源融合收益，在“经济人”的前提下，即便具有深厚合作关系的两个企业，如果不能获得继续合作的收益，则合作关系也将不复存在。而只要存在资源聚合的利益，合作机会也有可能发生在既有的社会网络之外。因此，创业企业与外部投资者之间的关系只有在主观有动机且客观同时也有机会的情况下才能够建立，两者缺一不可。

4.2　理论分析与研究假设

4.2.1　创业企业的技术资源优势与专利的信号作用

科技创业企业一般是指在一个原创性技术的基础上建立起来的，主要从事技术研究、技术开发、技术转让、技术服务、技术咨询和技术产品的研制生产销售，以科技成果的商品化为主要内容的中小型新创企业（迟建新，2010），其创业资源所涵盖的内容侧重点与一般的创业企业有所不同。其特点可描述为：（1）技术资源相对充足。技术资源主要包括研发资源、产品制造技能、生产工艺过程、创新能力以及技术变革预测等；这类资源可以使创业企业成功地研发新产品，并据以获得技术领先优势与超额利润（秦剑，2011）。大多数科技创业企业都是依托某项新技术、新产品而创办。（2）财务资本相对稀缺。创业企业需要投入大量的资金实现创新的产品化与商业化，技术资源越丰富，需要转化的创新成果越多，其财务资本的需求规模也就越大。单纯依靠企业从内部积累财务资源已经不能满足新创企业的发展需要（彭华涛和谢科范，2005），因而创业企业具有从外界获得所需的财务资源的强烈动机。

作为创业资源的主要构成要素，技术资源一方面成为财务资本的吸引主体，创业企业的生存、发展与科技创新的商业化都依赖于安全的外部融资；另一方面，技术资源也成为财务投资者选择投资对象的重要依据，风险资本总是优先选择那些创新能力较强的投资对象。由于缺乏有形资产，创业公司必须向潜在的投资者提供他们创新能力的可靠信号，但由于创业融资市场的不完美，创业企业面临无处不在的融资约束（Amit et al.，1990；Sahlman，1990）。其中，创业股东遇到最大的困难，就是如何让外部股东确信他的研发技术具有独特的质量与商业化价值，这是一个很具有挑战性的工作，因为质量是一个环境依存的、主观的概念，每个投资人可能都会有不同的认识（Nadeau，2010）。创业企业对于他们自身的创新有更多的信息（Shane & Cable，2002；Shane & Stuart，2002），但出于知识资源被侵占的担心，创业企业可能会限制对此类资源细节的披露。这会增加信息的不对称与逆向选择，导致市场上充满低质量的融资者，风险资本的投资变得更加的谨慎与保守（Amit et al.，1998），最终结果造成创投市场缩减，投资者与创业企业之间的关系无法构建（Greenberg，2013；Dushnitsky & Shaver，2009）。

对知识资源的保护制度可以在一定程度上解决信息的不对称

问题，在专利保护制度下创业企业享有专利技术的独占权，一方面，企业不再担心披露技术资源细节所隐藏的资源流失风险，进而主动增加市场上技术资源的信息供给。另一方面，企业拥有的专利权数本身就包含着企业技术资源的数量与质量的相关信息。简单来说，专利作为一种核心资源，它对外部财务股东的投资对象选择至少发挥以下作用：（1）降低信息不对称角度下的选择风险，专利权的获得意味着企业在要素市场上拥有稀缺的、不可模仿的知识与技术等资源（寇宗来和周敏，2012）。这向市场传递企业质量良好的信号，增加对外股东的信息供给，减少信息不透明度与投资选择风险。（2）增强投资对象的核心竞争力，技术专利权是对专有技术与知识的法律保护机制，获得专利权意味着企业把知识资源转化成所有权资源，保证了其在产品市场中对某项知识与技术的独占权，并有可能将某种资源屏蔽于产品市场上的竞争对手，帮助公司从产品的市场增加公司的盈利潜力（Rumelt，1984），在专利保护较好的行业里，专利增加带来公司价值提升较多（李诗等，2012）。（3）给予风险资本在企业失败之后的某种残值保障，专利权本身是前一种财产权，专利拥有方也可以通过转让专利使用权获取收益。因此，以专利为代表的技术资源越高，越能引起外部财务股东的关注，增加外部股权关系构建的“机会”。

近期，较多学者开始关注专利权对于外部投资者的信号作用。大量研究证实专利和公司价值与吸引 VC 的概率之间有正向关系（Hsu 和 Ziedonis，2007）。Haeussler 和 Carolin（2011）研究证实专利的申请加快了 VC 的投资，他们甚至发现专利申请的被拒绝也与 VC 投资有关，Hall 和 Ziedonis（2001）的调查显示，应用专利最多的创业企业排在风险资本关注的前列。Hsu（2006）发现缺乏专利技术导致投资者的 17% ~20% 的抑价。

Cockburn 和 MacGarvie（2009）指出专利申请显著提升外部资金的注入概率。Hsu 和 Ziedonis（2007）研究了 370 个半导体企业的 813 次融资，发现公司的专利申请与交易前股票估值增加正相关，每个专利大约值 230 万元。在最近的一项研究中，Hsu 和 Ziedonis（2013）指出在半导体行业，专利权有利于 VC 对创业企业的估值，尤其在存在信息严重不对称情况的首轮融资中，公司也缺乏其他对投资者传递信息的可替代的信号时，这种信号机制更显著。Conti 等（2013）还发现外部投资者（external investors）的存在，反过来也促进创始股东对专利进行投资，以更好地发挥其信号作用。Haeussler 等（2014）采用信号机制进行的分析发现专利申请有利于加快创业资本的投资。

由此，无论从创业企业主观融资动机还是客观融资机会的角度分析，技术资源都将促进创业股东与外部财务股东的关系构建，我们提出以下假设：

假设 1：创业企业的技术资源与财务投资者的引入正相关。

4.2.2 创始股东的社会资本增加外部融资机会

社会资本被定义为存在于社会结构中的个人资源，是指处于一个共同体之内的个人或组织通过与内部、外部对象的长期交往，而形成的一系列认同性与互利性（黄茂生，2008），及在这些关系背后积淀下来的历史传统、价值观念、行为范式、信任和网络等形式（Nahapiet & Ghoshal，1998）。资源、社会连带和动员构成了社会资本概念的核心（关鑫等，2010），即社会资本能够为结构内的成员提供便利的资源，同时也表现为结构成员调动网络资源的能力。社会资本的形成与发展具有路径依赖特征，即社会资本通过家庭、关系网络、社会信任和互惠、惯例等形式表现出来。社会资本具有生产性（Coleman，1990），能够通过对合作的促进而提高投资于物质资本和人力资本的收益，进而提高社会效率（张素平，2014）。作为企业与外部环境交互作用中的关键角色，与企业一般员工相比，企业家花更多的时间来构建网络关系（邹宇春和敖丹，2011），其行为大量地嵌入在社会网络中，社会资本成为企业家人力资本中重要的甚至是起决定性作用的构成部分（陈传明和周小虎，2001），而动用社会关系是创业企业在经营管理过程中获取外部资源的一种有效方式，发展的社会联系越多，摄取资源的能力也越强。创业者社会资本指创业者在社会关系网络中真实或潜在的可动员的资源总和，主要包括企业家的社交关系网络、企业家家庭成员社会资源的能力、企业经营情况及企业家社会资本的使用情况等。创业企业可以利用创业者的个人社会关系（Starr & Macmillan，1990；Coleman，1990）以及组织间的联盟网络来获取互补性资源（陈爽英等，2010）。

在创业企业与外部股东间股权关系的建立过程中，创始股东的社会资本起到以下作用：（1）提供创始股东与投资者接触的机会。一方面，企业家社会资本本身是企业融资的直接源泉。在“家庭式”管理的中小企业中，企业家、其家族成员与亲朋好友的资金（即 FFF：founder - family - friend 资本）是创业初期的主要资金来源。另一方面，社会资本在一定程度上决定主体所能接触到的信息以及所能调动的资源水平（杨俊和张玉利，2008），良好的企业家社会资本能够为中小企业创造良好的融资平台，随着社交关系网络增广、社会资本逐渐丰富，也为企业融资带来了便利（刘满凤和唐厚兴，2010）。Gulati（1995）指出高度嵌入的公司可以比较便利地获得合作伙伴以及“伙伴之伙伴”的信息，增加与外部投资人的合作机会。张玉利等（2008）研究发现，有过创业经验的创业者可以利用其社会关系网络比首次创业的创业者在获得风险资本方面具有一定的优势。（2）社会关系增进信任、缓解伙伴的机会主义、降低合作成本。创业者的社会资本可以用做担保品来弥补实物资本的不足，降低投资者风险，促进企业的融资（李嘉玲，2011），且结构内惩罚失信的方便性增进投融资双方的信任，再者，对于投资者来说，从关系结构内成员所获得的信息，要比身份不明确的公司的信息可靠得多。Coleman（1990）、Spagnolo（1999）从金融的角度考察了社会资本对融资与经济的影响，他们认为，社会资本强化了诚信的普遍程度。（3）创业者的社会资本也可能成为一个释放企业质量的信号。社会资本丰厚不仅意味着公司拥有某项关系，而能够获得这种关系，本身可能就意味着公司具备一定的实力，比如创始股东担任人大代表、行业协会会长等。黄茂生（2008）的研究发现，企业参加商会增强社会资本，同时有利于获取更多的经济资本和人力资本。杨建东、李强和曾勇（2010）研究发现，创业者社会资本较之其个人特质更加可能影响风险资本是否参与投资，创业者的社会关系网络尤其是政治关联对企业获得风险投资具有显著的正向作用。

如前所述，创业企业因其经营时间短，资本市场经验较少，接触的机构投资者十分有限，而具备一定的政治关联或者参与行业协会等活动可以拓展企业的社交关系，进而增进建立股权关系的“机会”。且科技创业企业在融资过程中面临的最大问题是信息不对称，虽然有关专利权的信息能够发挥一定的积极作用，但外部财务投资者对新的技术创新，仍然无从判断其未来商业价值。他们更愿意相信社会网络内的既有成员，即如果创业股东具有一定社会关系的，能够增加其信息的可信度，促使其做出投资决策。因此我们提出以下假设：

假设2－1：创始股东的社会资本与外部财务股东的投资正相关。

假设 2 -2：创始股东的社会资本正向调节专利权与外部股东投资的正相关关系。

4.2.3　创始股东财务资本投入与外部财务股东引入

专利的转化与生产过程要消耗大量的资源（唐要家和孙路，2006），包括生产设施和营销网络的协调发展（Teece，1986）。专利能否顺利转化并获得利润回报，取决于创业企业是否具备这些资源，其中充足的财务资本是首要条件。创业企业在早期阶段的财务资本主要来自于创始人个人积累、家族成员资金以及朋友的投资，这类资本又称为 FFF（Founder - family - friend）资本，它是企业技术资源与创新成果转化与生产的启动资金与最低保障。如果企业此类资金不足，一般会向银行贷款或通过资本市场进行融资，但由于信息不对称、可抵押资产较少、未来经营风险较高等原因，信贷金融体系能够给企业提供的融资渠道很少，则风险投资成为创业企业实施专利转化的一个重要推动力量。然而，接受财务投资者的风险投资同时也蕴含控制权被稀释的风险，最严重情况下创业企业甚至失去对技术资源转化相关问题的决策权，进而导致转化失败或技术资源流失。因此，财务资本越丰富的企业，引入外部股东的动机越小，因其完全依靠自身资源便可完成对技术资源的转化。因此，我们提出以下假设：

假设 3 -1：创始股东所投入的财务资本与外部财务股东引入负相关。

假设 3 -2：财务资本的数量对专利权与外部财务股东之间的正相关关系起到负向调节作用。

以上从“动机”与“机会”两个角度，分别分析了创业企业技术资源、社会资本与财务资本三大主要资源的持有情况对引入外部财务股东的影响，如表 4 -1 所示，其中以专利为代表的技术资源既强化创业企业的融资动机，又增加对外部股东的吸引力，增加与其建立股权关系的“机会”；创始股东的社会资本通过构建社会网络结构，增加创业企业接触风险资本的机会；而创始股东财务资本的持有量对引入外部股东的影响，主要基于需求与动机分析，创始股东资金的充足程度与引入外部资本的需求负相关。

表 4-1 创业企业资源类型与外部财务股东引入的关系

资源类型	与引入外部财务投资者的关系		假设提出
	动机	机会	
技术资源	(+) 技术资源转化需要资金	(+) 专利等技术资源释放良好的质量信号，吸引投资者	假设 1
社会资本		(+) 网络关系增加接触 VC 的机会，且释放良好质量信号，吸引投资者	假设 2-1 假设 2-2
财务资源	(—) 出于控制权的考虑，创始股东财务资源如果比较丰富，能够满足技术转化需要，则倾向于不接受外部投资		假设 3-1 假设 3-2

综合以上分析，当一个创业企业技术资源、财务资源与社会资源都比较丰富时，它极有可能不需要外部股东的投资，创始股东依靠自身财务资本与社会关系，独立完成新技术的转化与生产并独享超额的创新收益，这样就避免了收益与控制权的分散。因此我们提出以下假设：

假设 4：当创业企业技术资源、财务资源与社会资本都比较丰富时，倾向于不接受外部财务股东。

4.3 研究设计

4.3.1 模型设定与变量定义

本章拟构建模型 4-1 来检验以上假设，该模型以创业公司的大股东中是否存在外部财务股东（IFfinance）以及外部财务股东的个数（Nfinance）为被解释变量，以创业企业的技术资源（Patent）、社会资本（SC：social capital）、财务资本（FFF）以及它们的交乘项作为解释变量，并加入其他企业控制变量，检验创始股东的资源构成对引入外部财务股东的影响作用。

$$IFfiance/Nfinance = \beta_0 + \beta_1 Patent + \beta_2 SC + \beta_3 FFF + \beta_4 Patent \times SC + \beta_5 Patent \times FFF + \beta_6 Patent \times SC \times FFF + \gamma_i \sum X_i + \varepsilon \quad (4-1)$$

模型中涉及变量的具体解释与衡量办法如下：

4.3.1.1 被解释变量

本章根据上市前十大股东中是否存在外部财务股东（IFfinance）以及外部财务股东的个数（Nfinance）为被解释变量。本章定义财务股东为那些专业性投资机构，如投资管理公司、证券公司、股权投资基金、投资担保公司等。

4.3.1.2 解释变量

①技术资源 Patent：根据 Grant（1996）、Ahuja（2000）的研究，专利数量代表一个企业的创新产出水平，可以作为其技术资源的替代指标（张素平，2014）。考虑到专利的申请数在一定程度上也反映企业技术资源与创新能力，因此对专利权数的统计包括公司已获得授权的专利数与正在申请的专利数。

②社会资本 SC（Social Capital）：指创始股东的社会关系资源，本章采用创始股东参与行业协会的数据，如果创始股东是行业协会的会员则取值为 1，否则取值为 0 。

③财务资本，即创始股东投入的资本额（FFF），本指标的数据收集办法如下，即根据招股说明书中“发行前后的股权结构”与“主要股东介绍”等相关内容，统计创始股东、家族成员与一致行动人的持股比例之和，将持股比例与发行前一年的公司净资产额相乘，取其乘积近似估算创始股东的总投入资本额，模型检验中对其取自然对数。

4.3.1.3 控制变量

本书分别从研发能力、资本需求、业主权威、地理位置、资产运营效率、收益能力、负债比率与企业规模等方面选取控制变量，控制其他可能影响外部财务股东投资决策的因素。其中：①资本需求 IA：企业 IPO 时的融资规模越大说明其财务资本需求量越大，毕竟融资过多造成的控制权稀释、融资后的高额资本闲置等等都是公司不愿承担的成本（Katila et al.，2008）。因此本书采用公司 IPO 时“发行数量的自然对数（IA：issue amount）”来衡量公司的财务资本需要程度。②业主权威（OA：owner authority）：反映创始股东对公司的实际控制程度，担心股权稀释对企业控制权的影响，是阻碍创业企业外部融资的一个因素，如业主即创始股东的实际控制权威比较强时，才会不排斥引入外部股东。作者通过手工查阅公司招股说明书与年报，确认创始股东及其家庭成员或一致行动人在管理层与董事会的任职情况来统计其取值。这是一个类别变量，如果创始股东既不是第一大股东又不担任董事长或总经理，取值 1；如果创始股东是第一大股东但不担任董事长或 CEO，取值为 2；如果创始股东既是第一大股东且担任董事长或 CEO，但两职并不兼任，则取值为 3，如果创始股东既是第一大股东且二职兼任，则取值为 4。③研发潜力 Mstaff（Master staff）：即硕士学位以上员工占全部员工的比例。④地理位置（Locat）：即公司注册地是否在深圳或上海这两个城市，是则取值为 1，否则为 0。这两个城市是中国股权资本市场比较发达的地方，存在较多数量的金融与投资机构，影响到创业企业的融资能力，因此将其作为控制变量之一。另外，本章选用总资产周转率、净资产收益率、资产负债率与总资产额的自然对数等指标来控制企业的内部财务特征。此外，所有模型均控制了行业与年度变量。主要变量释义参见表 4 – 2。

表 4 – 2　　主要变量释义

变量类型	变量名称	变量说明
被解释变量	IFfinance	上市前十大股东中是否有财务股东
解释变量	Patent	创业企业拥有或正在申请的专利数量
	SC	创始股东是否是行业会员或行会理事
	FFF	创业股东及其家庭成员与一致行动人的资本投入总额
控制变量	Mstaff	硕士以上人员比例，硕士以上人员人数与全部员工总数之比
	IA	发行数量，公司 IPO 时发行总股份数（万股）的自然对数①
	OA	业主权威，创始股东是否是第一大股东以及任职情况
	Locat	公司注册地是否在深圳或上海
	TAT	总资产周转率 = 销售收入/平均总资产
	ROE	净资产收益率 = 净利润/平均净资产
	SIZE	资产规模，期末资产总额的自然对数
	DTA	资产负债率 = 期末负债总额/期末资产总额
	IND	行业变量，参照《上市公司行业分类指引（2012）》的一级分类目录
	Year	年度哑变量，2006—2008 年

① 按照 CSMAR 数据库对该指标的统计办法，将发行价格不为 1 元而为 100 元、200 元等金额的股票按原始资料上提供的信息进行了拆细，按面值为 1 元调整发行数量。

4.3.2 样本选择与数据来源

本章选取中国创业板通讯软件和信息技术行业的上市公司为研究对象①，这是因为随着通信网络、云计算、物联网等新兴信息技术的进步，通讯与信息行业的创业企业大量涌现，作为国家战略新兴产业的高新技术企业，其上市前的股权结构数据，为我们检验科技型创业企业的技术资源、财务资源与社会资本对引入外部财务股东的影响，提供可靠的证据。我们共得到 76 家上市公司上市前三年的 228 个 firm - year 的样本数据，数据收集时间涵盖 2006—2011 年。其中：（1）专利权数根据上市公司招股说明书中有关无形资产介绍的资料手工整理。（2）创始股东的社会资本与业主权威数据，根据公司招股说明书中关于董事监事与高管的介绍内容整理。（3）创始股东财务资本投入量“FFF 资本”数据根据公司招股说明书中“发行前后股权结构”的数据手工整理，整理过程合并考虑了创始股东家庭成员持股情况与一致行动人持股情况。（4）其他所涉及的财务数据均从国泰安（CSMAR）数据库中下载取得。数据整理采用 stata13 统计软件，为了剔除极端值的影响，研究所用到的所有连续变量均在 1% 水平上进行了 Winsorize 处理。

4.3.3 主要变量的描述性统计

从表 4 - 3 中可以看出，创业板软件与通讯行业 65.79% 的公司在上市之前获得财务投资者的资金支持，平均每家企业有 1.5 个财务股东，最多达到 6 个。（1）创业板上市公司专利权数

① 根据中国证监会（CSRC）《上市公司行业分类指引（2001 年）》，选取行业一级代码为“G”的公司。

表 4 - 3　　　　主要变量的描述性统计

变量名	样本数	均值	标准差	最大值	最小值
IFfinance	228	0. 65787	0. 47546	0	1
Nfinance	228	1. 513158	1. 653937	0	6
Patent	228	23. 4868	44. 3415	0	232
SC	228	0. 486842	0. 500927	0	1
FFF	228	22. 22836	0. 781548	18. 94895	23. 97779
Mstaff	228	0. 05772	0. 06227	0	0. 2933
IA	228	2. 377431	0. 045496	2. 290948	2. 50111
OA	228	3. 342105	0. 772078	2	4
Locat	228	0. 263158	0. 441316	0	1
TAT	228	1. 135909	0. 451546	0. 45	2. 7
ROE	226	41. 30968	18. 16155	9. 4668	108. 3572
DTA	228	36. 52813	16. 80449	6. 17	82. 3266
SIZE	228	18. 7429	0. 6623	17. 2667	20. 2779

量比较多，平均每家公司持有专利权数 23 项，最多的公司拥有 232 项之多。（2）几乎半数的创业股东是行业会员或担任行业协会理事等社会职务，SC 均值为 0. 4868。（3）创始股东（包括其家庭成员与一致行动人）的持股比例较高，平均为 59. 49%，最低 22%，最高达 87%，按照持股比例与发行前净资产的乘积作为创始股东资本投资总额，其自然对数分布于 18. 94—23. 47 之间。（4）各公司创始股东在公司中处于极重要地位，业主权威 OA 变量取值在 2—4 之间，均值达到 3. 34，这表示创始股东均是第一大股东，且极有可能兼任董事长与总经理职务。（5）各公司之间高学历人员数量差别较大，最少 0 人，最多达到 132 人，硕士以上人员占全部职工比例最高位 29. 33%，平均为 5. 77%。26% 左右的公司注册地址在深圳或上海，另外值得注意

的是，样本公司的负债率普遍不高，仅为36%左右，这也说明科技创业企业存在一定程度的债务融资约束。

4.4 实证结果

4.4.1 自变量多重共线性检验

表4-4报告了自变量之间的相关系数矩阵，表中数据显示最大相关系数值发生在企业规模与创始人投资总额之间(0.658)，其余各自变量的相关系数较低，可以排除自变量之间的多重共线性问题，进入多元回归分析。

表4-4　　自变量相关系数矩阵

	Patent	SC	FFF	Mstaff	IA	OA	Locat	TAT	ROE	DTA	Size
Patent	1										
SC	0.075	1									
FFF	0.056	-0.012	1								
Mstaff	-0.119	0.039	0.144	1							
IA	-0.214	-0.128	0.213	0.415	1						
OA	0.142	0.295	0.049	-0.128	-0.059	1					
Locat	0.041	-0.067	-0.087	0.087	0.225	-0.086	1				
TAT	0.072	-0.113	-0.346	-0.043	-0.027	0.125	0.243	1			
ROE	-0.139	-0.089	-0.367	0.032	0.191	0.045	-0.094	0.401	1		
DTA	-0.031	0.076	-0.168	-0.245	0.035	0.184	-0.141	0.138	0.1241	1	
Size	0.091	-0.025	0.658	0.038	0.208	0.177	0.159	0.246	-0.1967	0.2006	1

4.4.2　多元回归结果：创业资源与财务股东引入

表4－5报告了对以上假设的检验结果，其中因变量为IFfinance（前十大股东是否存在财务股东），因为被解释变量是0—1二值变量，因此我们采用离散选择模型Logit的回归方法。表4－5第一列自变量包括技术资源（即专利数量Patent）、创始人财务资本（FFF）与创始人社会资本（SC），第二列添加了技术资源与财务资源的交乘项（Patent×FFF）以及技术资源与社会资本的交乘项（Patent×SC）。第3列添加了技术资源、财务资源与社会资本三者的交乘项（Patent×FFF×SC）。

表4－5　　创业企业资源与引入外部财务股东概率

	(1)	(2)	(3)
	IFfinance	IFfinance	IFfinance
Patent	0.0238	1.955**	1.213
	(0.55)	(2.29)	(1.17)
SC	1. 612*	6.0337***	9.502***
	(1.89)	(2.7)	(2.80)
FFF	－4.476***	－9.98**	－9.752**
	(－2.47)	(－2.35)	(－2.31)
Patent×SC		－0.0154	7.493**
		(－0.55)	(2.20)
Patent×FFF		－0.0859**	－0.0518
		(－2.26)	(－1.13)
Patent×FFF×SC			－0.326**
			(－2.21)
IA	4.155***	11.818***	17.35***
	(2.66)	(2.93)	(2.85)

续表

	(1)	(2)	(3)
	IFfinance	IFfinance	IFfinance
Mstaff	7.03	3.404	5.544
	(0.47)	(0.76)	(0.34)
OA	0.380	0.376	0.512
	(1.11)	(0.60)	(0.66)
Locat	-4.586***	-10.30**	-14.13***
	(-3.44)	(-3.02)	(-2.85)
TAT	2.042**	5.541**	8.475***
	(1.77)	(2.70)	(2.97)
ROE	-0.00722	-0.0314	-0.0337
	(-0.55)	(-0.97)	(-0.78)
DTA	-0.132***	-0.237***	-0.347***
	(-3.90)	(-3.00)	(-2.88)
Size	4.196**	7.41**	10.31**
	(2.05)	(2.24)	(2.11)
_cons	-75.67***	-261.89***	-388.08***
	(-2.64)	(-3.10)	(-2.87)
Year	控制	控制	控制
N	228	228	228
LR chi^2	54.68	72.85	87.07
Prob > chi^2	0.000	0.000	0.000
Pseudo R^2	0.4122	0.5492	0.6563

表中括号内是t检验的参数值，*、**与***分别表示在10%、5%与1%的水平上显著。

从表4-5中可以看出，(1)技术资源Patent与引入外部财务股东之间回归系数为正，但只有第二个模型显著，假设1仅得到部分证据支持。(2) 社会资本 SC 与外部财务股东之间的关系显著为正，而且这一关系在三个模型中都比较稳定，假设 2－1 得到验证，即创业股东的社会关系，扩大了创业企业接触外部财务股东的机会，有利于增进外部股东的投资。而且在第三个模型中，社会资本的系数与社会资本与技术资源的交乘项（Patent × SC）的系数都显著为正，这说明创始股东的社会资本增强了技术资源对外部财务股东的吸引作用，技术资源与社会资源都比较丰富的企业，更容易与财务股东建立股权关系。假设 2－2 得到证据支持。(3) 创始股东的财务资本投入与外部财务股东的引入成反比，回归系数显著为负且三个模型中都比较稳定。这说明创始股东个人资本或者家庭成员以及一致行动人的财务资本投入越多时，引入外部财务股东的可能越小。技术资源 Patent 与财务资本的交乘项（Patent × FFF）的回归系数均为负值，但只有模型二中比较显著，这说明虽然技术资源的转化需求产生较强的外部资本需求，但创始人及其家庭成员与一致行动人的 FFF 资金的投入，抑制了这种需求，即创始股东投入越多，创业企业的财务资源满足企业技术资源转化的可能越大，也就越不愿意引入外部财务股东，毕竟外部股权的引入意味着控制权的稀释，假设 3－1与假设 3－2 均得到验证。(4) 模型三中添加了技术资源、社会资本与财务资本的三个变量的交乘项（Patent × FFF × SC），回归系数显著为负。这说明当企业的技术资源、社会资本与财务资本都比较丰富时，反而不愿意引入外部财务股东，而选择自我积累与自我开发，进而避免创始股东对企业控制权的稀释，假设 4 得到验证。(5) 控制变量中，发行数量（IA）的回归系数显著为正，即财务资本需求越强烈，引入外部财务股东的概率越大，而公司的负债比率 DTA 的回归系数显著为负，这说明负债比率越高的创业企业，一方面通过负债解决了资金需求，引入外部财务投资者的动机就相应较低；另一方面，负债比率高的企业财务风险较大，外部财务股东对公司的估值较低，创业公司对风险资本的吸引力相对较弱，也减少了吸引财务投资者的机会。这些结论符合我们的经验与预期，说明我们的检验结果具有一定的可靠性。

4.4.3 稳健性检验：创业资源与财务股东个数

为检验以上结论的稳定性，采用前十大股东中外部财务股东的个数（Nfinance）做被解释变量，样本公司的财务股东个数分布在0—6个之间，均值为1.58。由于被解释变量为非负整数，因此考虑采用负二项计数回归模型，回归结果见表4-6：

表4-6 稳健性检验——创始股东资源与财务股东个数

	(1)	(2)	(3)
	Nfinance	Nfinance	Nfinance
Patent	0.00252	0.0219	0.0335
	(0.25)	(0.73)	(1.09)
SC	0.02538	0.0413	0.0443
	(0.28)	(0.37)	(0.40)
FFF	-0.6962***	-0.707***	-0.726***
	(-5.73)	(-5.79)	(-5.95)
Patent × SC		0.00468*	0.0125**
		(1.79)	(1.90)
Patent × FFF		0.00959	0.0144
		(0.71)	(1.11)
Patent × FFF × SC			-0.00578**
			(-1.99)
IA	0.2402*	0.2366*	0.2280*
	(1.87)	(1.84)	(1.78)

续表

	(1)	(2)	(3)
	Nfinance	Nfinance	Nfinance
Mstaff	0.8654	0.851	0.727
	(1.27)	(1.24)	(1.06)
OA	0.196***	0.194***	0.191***
	(3.56)	(3.54)	(3.50)
Locat	0.0736	0.0720	0.0587
	(0.68)	(0.67)	(0.55)
TAT	-0.0736	-0.0696	-0.0724
	(-0.72)	(-0.68)	(-0.71)
ROE	-0.00312	-0.00315	-0.00249
	(-1.13)	(-1.14)	(-0.90)
DTA	-0.0184***	-0.0181***	-0.0194***
	(-4.98)	(-4.86)	(-5.13)
Size	0.804***	0.784***	0.843***
	(5.48)	(5.27)	(5.57)
_ cons	-4.72**	-4.208	-4.387
	(-2.10)	(-1.77)	(-1.90)
Lnalpha _ cons	-1.431***	-1.443***	-1.479***
	(-5.28)	(-5.27)	(-5.27)
Year	控制	控制	控制
IND	控制	控制	控制
N	458	458	458
LR - chi^2	65.68	66.4	70.81
Prob > chi^2	0.000	0.000	0.000
Pseudo R^2	0.042	0.042	0.045

表中括号内是 t 检验的参数值，*、** 与 *** 分别表示在 10%、5% 与 1% 的水平上显著。

在扩大样本至全部创业板企业并采用前十大股东中的外部财务股东个数作为因变量之后，部分结论得到了检验。从表4－6中可以看出，(1) 创始股东财务资本与引入外部股东显著（1%水平显著）负相关，且表中三个模型的这一结论都比较一致，进一步验证假设2－1，即创始股东如果有能力投入较多财务资本，则不会引入外部财务股东。(2) 虽然技术资源Patent与社会资本SC的回归系数符号与前面都比较一致，但是均不显著，其对引入外部财务股东的影响在稳健性检验中没有得到验证。(3) 社会资本和技术资源对外部股东吸引作用的调节效应得到了检验。在模型（3）中Patent×FFF的回归指数在5%的水平上显著为正，即社会资本比较强的创业股东，能够帮助企业更好地利用技术资源来引入外部财务股东。(4) 技术资源Patent、社会资本SC与财务资本FFF的交乘项（Patent×FFF×SC）的回归指数显著为负，这一结论与前面一致，即当创业企业的技术资源、社会资本与财务资本都比较丰富时，倾向于不引入外部股东。(5) 其他控制变量的回归结果与前面的结论比较一致。其中，财务资本的需求（IA）与业主权威（OA）的系数显著为正，这说明当企业严重需要财务资本时，或者创始股东通过持股比例或者任职关系对创业企业的控制度比较强时，就会忽略股权稀释带来的风险，而倾向于引入外部财务股东。创业企业的负债比率与外部财务股东的引入负相关，企业规模与其正相关，与表4－5中结论一致。

4.5 本章研究小结

本章的研究结合资源基础理论与社会网络等理论分析，将创业企业股权结构的构建与投资者的选择看作是一个主动选择的过程。这一选择的做出，既考虑了创业股东资源禀赋与资源需求动机，又受其接触投资者机会大小的影响。本书基于动机与机会的双重分析，采用中国创业板上市公司的经验数据，检验科技创业公司的创业资源结构与外部财务股东引入之间的关系。研究结论显示：（1）外部财务股东的引入与创业企业的技术资源正相关，这是因为技术资源丰富的企业，其技术与创新的转化需要大量的其他互补资源，对财务资本的需求是引入外部财务股东的主要动机，同时专利技术的数量向外部投资者传递企业创新能力与未来盈利能力的信号，增强对外部资本的吸引。（2）创始股东的社会资本与引入外部股东显著正相关，这是因为一方面社会资本丰富的创始股东增加了企业接触外部投资者的机会；另一方面社会资本的丰富程度也向外部股东传递企业质量良好的信号，增加吸引外部资本的能力。因此社会资本与技术资源都比较强的企业，更加容易得到外部财务股东的青睐。（3）创始股东的财务资源拥有情况与外部股东引入的概率成反比，即创始股东能够投入企业的个人资本（包括家族成员与一致行动人的资本）越多，接受外部财务股东的可能性越小，尤其当一个企业技术资源和财务资源都比较丰富时，企业倾向于使用自身资本开发与转化其技术成果，越不愿意引入外部股东。（4）总的来看，当一个创业企业的技术资源、财务资源与社会关系资源都比较充裕时，创业股东倾向于不引入外部财务股东。

本章研究创业企业的股权结构形成的影响因素，重点关注专利资源对吸引外部股东的信号作用，研究结论对于创业企业的外部股东选择与股权结构决策具有一定的借鉴意义。根据实证结果，本书对科技创业公司的股权融资提出以下建议：首先，如果创业企业想要在个人资本有限的情况下，在资本市场中取得主动权，并顺利筹集到技术资源转化与企业发展所需要的资金，创业股东应有意识地构建社会资本网络，积极参与社会与政治活动，提高行业知名度与声誉。其次，还应积极申请专利技术的授权，作为一项受法律保护的财产权，专利数量可以作为吸引外部财务股东的良好信号。最后，为了避免引入外部股东与股权稀释所带来的控制权风险，创始股东应保持一定的持股比例、避免股权过度稀释，或者通过担任董事会成员与重要管理职务等管理参与形式，保证创始股东对公司的实际控制权，以保证公司战略制定与执行不受外部股东的过度干预。

第5章 创业企业资源禀赋、资源需求与产业投资者引入

5.1 引言

创业企业（Venture Enterprise）通常指处于产品研发向市场推广转型阶段的中小型新创企业，其企业规模及盈利能力较小、成长潜力与风险并存（成春、贺立龙，2008）。创业企业发展面临的核心问题是如何获得互补资源以实现其技术资源的商业化价值（Haeussler et al.，2012；Park & Steensma，2012）。外部股东的引入，不仅可以解决其财务资本不足，而且还能带来诸如生产管理经验、优秀管理人才、成熟市场网络以及有效监督等其他有价值的非财务资源（Dushnitsky & Lenox，2005）。

创业企业接受外部投资均以出让部分控制

权为代价。与外部“财务投资者”相比，“产业投资者”的引入通常使创始股东陷入两难困境[①]：一方面，创业企业对外部资源的需求与依赖，会使其接受产业投资者出资（Pfeffer & Salancik，1978；赵岑等，2012）；另一方面，出于对产业投资者可能干扰其战略运营、技术资源侵占等风险的担心，又使其可能回避这种股权融资关系（Katila et al.，2008；Katila & Mang，2003）。当然，创始股东在股权融资并引入外部产业投资者时并不总是被动的，在面对既有独特资源又具有合作风险的产业投资者时，他们需权衡利弊。有哪些关键因素影响创业企业做出引入产业股东的融资决策，这是本书重点讨论的问题。

融资及股权结构理论往往以已存在的股东间股权关系为初始背景，重点讨论在股权结构形成后如何通过设计合理有效的治理机制以避免代理风险，而对股权关系构建之初（事前与事中）的股东选择问题则缺乏必要的讨论。另一方面，多数管理学家（尤其是资源依赖理论的支持者）重点关注公司股东的各类资源聚合给企业带来的益处，而忽视外部股东引入所存在的潜在风险。本书基于资源依赖理论，以创业企业股权融资对象选择为研究场景，基于中国创业板上市公司经验数据，从理论和实证两个方面分析引入产业投资者时所要考虑的各种权衡因素。其研究贡献主要有：（1）通过拓展对股东的分类及资源属性的分析，揭示不同类别股东引入时可能存在的风险。本书基于资源视角将外部股东分为财务投资者与产业投资者两类，通过分析不同类别的股东资源特征、投资目的、投资行为等，从理论上阐述产业投资

---

① 这一问题在资源依赖理论中被称为“鲨鱼困境（sharks dilemma）”，对于实施外部融资的创业企业来说，“鲨鱼”是指那些既拥有独特资源又具有较大资源侵占风险的比较成熟的公司类投资者。

者可能存在战略干扰、资源侵占等相关风险。（2）完善公司股东选择及形成机制的理论。本章以创业企业为样本，通过对创业企业技术资源的分析，指出创业企业外部股东的引入，需要考虑股东之间的资源互补性、合作风险及创始股东对自身技术资源保护能力等因素，进而形成“创始股东—外部股东”间的正式股权关系。（3）通过实证分析得出相关结论，为中国创业企业外部股权融资对象的选择及决策标准提供借鉴与指导。

5.2　文献回顾与研究基础

5.2.1　创业企业资源禀赋与资源需求

不同于成熟企业，创业企业的资源禀赋有其独特性，主要表现在：（1）技术资源与人力资本相对充足（Firkin，2001；彭华涛、谢科范，2005）。拥有某项竞争对手无法获取的技术资源，是创业企业生存与发展的关键（陈闯等，2009；王庆喜，2006）。这类资源可以使创业企业成功地研发新产品，并据以获得技术领先优势与超额利润（秦剑，2011），主要包括研发资源、产品制造技能、生产工艺过程、创新能力以及技术变革预测等。（2）财务资本、生产性资源与市场资源相对短缺。创业企业通常只拥有相对有限的经营资源（如场所、设备等），在产品与服务市场缺乏应有的信誉、财务资本短缺，从而有别于成熟企业（Santos & Eisenhardt，2009）。以技术与产品等核心资源为基础，适时选择并引入外部投资者成为创业企业发展壮大的必经途径（林嵩，2007）。

5.2.2 外部股权融资、产业投资者引入及潜在风险

创业企业进行外部股权融资并引入的投资者，大体可分为“财务投资者”和“产业投资者”两类。其中，前者是指那些仅投入财务资本、以获取投资回报为目的的法人投资者（多为专业性的投资机构，如 VC、PE），其投入资源相对单一（财务资本）、与创始股东的资源互补方式简单，且与创业企业利益高度一致。国外研究表明，有风险资本投资的企业发展较快、声誉较好、有机会接触新的联盟伙伴，且成功上市的机会较大等（Cox et al.，2014；Puri & Zarutskie，2012；Park & Steensma，2012）。后者是指以谋求长期战略利益为目的、与被投资企业的重要业务有密切联系、持股量较大且长期持有的公司类投资者（corporate investors），它们不仅投入财务资本，还连带投入诸如基础设施、产品生产、市场网络、社会关系、消费者服务等其他独特的非财务资源（Dushnitsky，2012），可见，产业投资者的投资并不限于购买创业企业部分股权，它更是一种资源互换行为（Dushnitsky & Lenox，2005）。由于产业投资者自身有其主营业务，其投资收益可能并不完全依赖于被投资企业，其与创业企业利益并非完全一致，因此，除为创业企业提供各类资源及互补收益外，还可能给创业企业带来相关风险。具体地说：

（1）战略风险。一般认为，财务资本作为通用资源具有流动性较强等特点，财务投资者可借此属性并以“用脚投票”方式进入或退出创业企业。与此不同的是，产业投资者所连带投入的各种非财务资源具有专用性较强等特点，它们均面临较高的退出壁垒与退出成本，因此这类投资者往往会参与对被投资企业的控制与管理决策（Williamson，1985；葛永盛、张鹏程，2013）。另外，产业投资者总会优先关注自身公司价值的最大化，因此从

事后角度看，必然会对创业企业战略决策、经营及管理政策产生重大影响。相关研究证实，产业投资者的投资目的并非单纯获取财务收益，而可能兼具战略需要（Dushnitsky, 2006），如借产业投资之名而行产业整合之实（Mason & Rohner, 2002），即通过扶持互补产品的商业化来刺激市场对其自身产品的需求（Chesbrough, 2002），或者将股权投资作为实质并购的准备，以阻止对自身竞争地位有威胁的新企业、新产品（Wadhwa & Kotha, 2006）。

（2）技术资源侵占风险。企业之间的股权投资是接触、获取其他企业技术资源的常用手段（Dushnitsky & Lenox, 2006, 2005; Allen & Hevert, 2007; Dushnitsky, 2006, 2012），其对外投资的目的是想通过这一途径来学习或者窃取被投资企业的稀有资源（Hamel, 1991），或者说，成熟公司（incumbent firms）对技术创业企业（new ventures）的投资已经变成其“自我研发”的一种替代手段（Mason & Rohner, 2002; 赵岑等, 2012），尤其是当一个成熟企业比较容易吸收创业企业的技术时（如专利保护较差的行业），它更愿意与创业企业建立这样的投资关系（Stuart, 2000; 吴定远, 2004）；相反，如果某一行业的技术垄断性越强、知识产权保护越好，成熟企业则越不愿意参与风险投资行为（Dushnitsky & Lenox, 2005; Basu et al. , 2011）。

可见，与财务投资者相比，产业投资者的投资目标更多元、更有目标指向性，创始股东引入产业投资者的风险更大，其成功机率可能更低（王斌、宋春霞, 2015）。

5.2.3　风险防御与产业投资者引入

当然，引入外部产业投资者的风险还取决于创业企业自身的风险防御能力（Levin, 1987）。创业企业可以采用的防御手段有专利制度（Katila & Mang，2003）、商业机密（寇宗来、周敏，2012）、融资时机后延（Katila et al.，2008）等等举措。Hallen等（2012）的研究证实，信誉良好的风险资本作为第三方（third - party partners）也能对产业投资者资源侵占起到有效监督作用，且此类财务投资者的投资越多、社会关系越强、与创业企业越近，创业企业越有可能接受产业投资者。因此，创业企业并不会因为产业投资者存在风险而将其完全排除在投资者范围之外，它需要根据自身的风险防御能力、风险承受能力来决定是否接受产业投资者的投资。

5.3 研究假设

创业企业决定是否引入产业投资者时，不仅考虑自身的资源状况、互补资源的需要程度，更注重结合自身对产业投资者潜在风险的防御能力，进而进行利弊权衡。

5.3.1 创业企业资源需求与产业投资者引入

（1）财务资源需求。对于一个处于初创阶段的新企业，最大资源短缺是财务资本。按照“融资优序理论”，内源资本是企业的最优先选择，但对大部分创业企业而言，仅靠创始股东或家族的原始积累是难以满足其规模化经营的资本需求的，外源融资成为大多数公司成长的必然选择。由于可抵押资产的数量与估值不高（Holmstrom，1989）、信贷市场信息不对称性问题严重（Czarnitzki & Hottenrott，2011）、制度性的信贷融资约束或信贷歧视（余明桂、潘红波，2008）等等因素，使得创业企业难以通过信贷市场获取资本，从而不得不转向股权融资（Hall & Lerner, 2010；侯建仁等, 2010）。通常情况下，因其利益一致性、对创业企业的战略干预较低等特点，财务投资者往往成为创始企业首选的外部股东；相反，产业投资者因其投资目的、资源属性、投资风险等，其投资意向仅被创业企业作为备选项而谨慎对待。但由于创业企业未来收益不确定性较大（迟建新, 2010），由于财务股东出于投资组合、控制投资风险目的等，均会限制其对每家创业企业的投资额度。在这种情况下，与产业投资者建立投资关系即成为可选之策。或者反过来说，当创业企业存在很强的财务资本需求时，有可能会“饥不择食”地选择产业投资者。为此本书提出如下假设：

假设1：创业企业财务资本的需要程度与产业投资者投资正相关。

（2）经营资源需求。创业企业最初的资源拥有量非常有限且类型单一（多表现为拥有某项核心技术与创新产品，或者连带创业家的人力资本与社会资本等相关资源），要实现其商业化价值，必须吸收其他互补资源，比如市场、资金及信息等（邓颖, 2012）。产业投资者基于战略整合利益的目的，也乐于交换一些有形的经营资源，借此盘活自身的闲置资产（比如空置的生产设备、充分的销售渠道），并进而接触创业企业的新技术资源（Dushnitsky & Lenox, 2006；Park & Steensma, 2012）。如苏泊尔公司通过股权转让、定向增发与SEB（法国一家炊具和小家电业界的知名公司）建立股权关系，通过后者的国际化营销网络进军国际市场，而SEB公司的250多个产品也借助苏泊尔的品牌影响力而进军中国市场（黄晓燕, 2009）。

如果将创业企业经营资源分为生产性与市场性两类（Geletkanycz & Hambrick, 1997；Gulati & Westphal, 1999），则可以推断，对这两类资源需求越强烈的创业企业越倾向于接受产业投资者的投资。其中，生产性资源需求较大的企业一般是那些需要购建较多有形资产以拓展经营规模的企业，它们属资本密集型企业，有形资产比例较高。相反，市场资源的稀缺程度与产品市场竞争性有关，竞争性越强的行业进入难度越大，新创企业要想获得市场资源单凭自身投入可能收效不大，而与成熟企业合作、利用其营销渠道推广自己的新产品，则可达到事半功倍的效果（赵岑等，2012），因此处于高度竞争行业的创业企业，会倾向于与产业投资者建立股权关系，以利用其成熟的经销网络或市场经验推广自身产品。为此本书提出以下假设：

假设2：创业企业生产性资源需求程度与接受产业投资者正相关，即有形资产比例较高公司倾向于接受产业投资者的投资。

假设3：创业企业市场资源需求与接受产业投资者正相关，即所处行业竞争越激烈的公司越倾向于接受产业投资者的投资。

5.3.2 技术资源、风险防御与产业投资者

技术资源丰富的创业企业在选择外部投资者过程中，会表现出比一般企业更加谨慎的态度。这是因为：（1）技术资源的知识属性。技术资源的本质特性在于它的知识性，这类资源容易在组织间进行转移、扩散，其他组织可通过学习获取，从而使创业企业丧失其核心竞争力。（2）技术资源的保护壁垒不高。Miller和Shamsie（1996）认为，基于所有权的资源可以受到几乎完美的法律保护①，但基于知识的资源则易受到非自愿转移带来的伤

① 所有权资源是一个公司合法所拥有的资源，如财务资本、实物资本与人力资本等。所有权资源不可转移、不易被联盟伙伴获得，因为它们受产权法律保护，如合同、财产所有权等。相反，基于知识的资源指一个企业的专有技术、技能与管理资源等，它们往往是模糊与不明确的，这些资源的保护壁垒不是很完善，长期合作与学习可导致这类资源价值的丧失。

害（Das & Teng, 1998），即一旦其他公司（如成熟的产业投资者）具备接触这类资源的机会，公司就很难长时期将其保留在企业内部。因此，技术资源丰富的创业企业并不愿意直接接受产业投资者的股权投资。另外，创业团队出于实质控制权的目的，也不会轻易引入产业投资者，而更倾向于战略干预度更温和、更安全的财务投资者。为此本书提出以下假设：

假设 4：创业企业技术资源越丰富，越不愿意接受产业投资者的投资。

以接近与获取技术资源为目的的外部产业投资者，大多具有实施“技术追赶策略（Technological Catching up）”的意图，即通过学习、模仿获得先进技术，并最终赶上与超越创新领先者（Figueiredo, 2010），这对被学习对象来说意味着核心资源与竞争优势的丧失。如果创业企业的研发能力很强，且能在未来合作关系中始终保持其技术优势（虽可不断被模仿但不可能被超越），引入产业投资者所引起的技术资源转移风险也就会减弱。甚至，创业企业很强的研发与技术吸收能力，还可能通过产业投资者的引入而发现新的创新机会，或通过“互动式”学习以实现新技术跨越（Kristinsson & Rao, 2008），可见，创业企业自身的风险防御能力会缓解创始股东对引入产业投资者时的抵触情绪。另外，同等条件下，当创始股东在股东群体中处于控制地位、能够主导企业战略决策与经营管理时，创始股东则会倾向于引入产业投资者。为此本书提出以下假设：

假设 5：技术资源越丰富、研发能力越强的创业企业，接受产业投资者的可能性也越大。

假设 6：技术资源越丰富、创始股东控股比例越高的公司，接受产业投资者的可能性也越大。

5.4 研究设计

5.4.1 样本选择与数据来源

我们选择2012年之前在深市创业板上市的全部355家上市公司作为研究样本。创业板上市公司都是高新技术型企业、技术资源丰富（吴翠凤等，2014），符合我们的研究需要。另外，创业板公司创立时间不长，其在上市前对外部投资者的引入为本书假设检验提供合理的证据。（1）数据收集时间涵盖样本公司上市前的三年，由于各家公司上市时间不一致，因此我们的样本是非平衡面板数据，剔除数据缺失后共获得1074个有效观测值。（2）我们手工收集了产业投资者有关的数据，本书界定产业投资者指那些创始股东以外的非金融类的公司投资者①，不包括与创始企业同属一个实际控制人的公司。限于数据来源，我们仅统计了公司前十大股东中是否有产业投资者及其持股比例（由于十大股东之外的股东持股比已经相对较小，并不影响检验效果）。根据数据整理结果，共有77家公司存在产业投资者，占全部样本的22%左右。（3）其他有关公司资产构成、财务业绩、

① 在数据收集过程中，我们根据公司《招股说明书》中对大股东的介绍，发现公司前十大股东名单中的有些自然人股东，同时控制（持股比例50%以上）其他公司并兼任其他公司的董事长或总经理，根据文中对产业投资者特征与潜在风险的分析，我们也将其归为本书的“产业投资者”。如，万顺股份（300057）的股东兼董事蔡懿然等，除直接持有公司4.94%的股权外，还持有广州市丰发纸业有限公司80%的股权和汕头市龙湖区丰裕达纸业有限公司67.19%的股权，并任其法定代表人、执行董事与经理。根据文中对产业投资者特征与潜在风险的分析，我们也将其归为本书的“产业投资者”。

公司治理等数据来自于 CSMAR 金融经济数据库，企业多元化数据来自于 WIND 数据库，公司员工构成数据来自于 RESSET 金融研究数据库，公司专利情况的数据从招股说明书手工收集。数据分析均采用 Stata13 计量统计软件进行。

5.4.2　模型与变量

本书拟采用以下模型检验上述假设：

$$ifind/indrate = \beta_0 + \beta_1 needs + \beta_2 resourses + \beta_3 defenses + \beta_4 resourse \times defenses + \beta_5 control\ variables + \gamma_1 \sum Year + \gamma_2 \sum IND + \varepsilon$$

模型中被解释变量为样本公司“是否有产业投资者（ifind）”或“产业投资者持股比例（indrate）”，解释变量分别为资源需求（needs）、技术资源（resourses）、风险防御（defenses）等，具体衡量办法如下：

（1）资源需求（needs）。财务资本需求：创业企业在 IPO 时，融资额越大，说明其财务资本需求量越大，毕竟融资过多造成的控制权稀释、融资后的高额资本闲置等等都是公司不愿承担的成本（Gompers & Sahlman，2002；Katila et al.，2008）。因此本书采用各公司 IPO 时“募集资金总额（FA：financing amount）的自然对数”与“发行数量的自然对数（IA：issue amount）”来衡量企业的财务资本需要程度。

生产性资源需求：通常对生产性资源比较依赖的企业需要更多的有形资产、固定资产来维持生产，“有形资产率（TAR：tangible asset ratio）”越高的企业越需要生产性资源（Katila et al.，2008）。

市场性资源需求：如果一个行业的市场竞争非常激烈，则行业内的公司将不得不投入较多的广告费用来开拓市场。因此本书按照行业平均“销售费用比（SCR：sales cost ratio）”对各行业进行排序，所排列序号作为行业竞争程度（DC：the degree of competition）的替代变量，行业竞争越激烈，创业企业对市场资源的需要越强烈。

（2）技术资源（resources）。借鉴 Nadeau（2010）、Grant（1996）等的研究，本书采用公司拥有的专利数（patent）与"无形资产比（IAR，intangible asset ratio，即无形资产占资产总额的比例）"衡量创业企业所拥有的技术资源。

（3）风险抵御能力（defense）。本书从两个方面衡量公司对技术资源侵占风险的防御能力：①公司研发能力：采用各公司员工中研发人员所占比例（R&DStaff）来替代。②创始股东的控制权：分别采用第一大股东持股比例（Shr1）与股权集中度（Herfindahl）来替代。因为创业板公司成立及上市时间都比较短，控股股东一般都是公司创始人或主要发起人，第一大股东持股比例（Shr1）可以作为创始股东的控制权的替代变量。股权集中度采用前十大股东持股比例的赫芬达尔指数（Herfindahl）来衡量，Herfindahl 值越小，股权越分散，创始股东对企业的控制力越小。

另外，由于跨行业经营也有可能增加生产性与市场性资源的需要，因此本书在有关模型中加入"企业参与行业的数量（Nx）"来控制行业多元化的影响。公司自身特征的控制变量包括控股股东产权性质（Owner）、每股收益（Eps）、企业规模（Size）与资产负债率（Dta），另外，模型中还控制了年度与行业变量。变量定义与衡量方法见表 5－1。

表 5 -1　变量定义与衡量方法

	变量名称	变量定义与衡量方法
被解释变量	Ifind	前十大股东是否有产业投资者
	Indrate	前十大股东中产业投资者投资比例之和
解释变量	FA	募集资本总额：公司 IPO 时实际募得资金的自然对数
	IA	招股数量：公司 IPO 时招股数量（万股）的自然对数
	TAR	有形资产比率 = （固定资产净值 + 在建工程净值 + 工程物资 + 生产性物资的总额）/资产总额
	SCR	销售费用率 = 销售费用/销售收入
	DC	行业竞争程度，按照各行业平均销售费用率排序的序号
	IAR	无形资产比率 = （无形资产 + 开发支出）/资产总额
	Patent	公司拥有的专利数
	R&Dstaff	研发人员占全部员工人数的比例
	Herfindahl	股权集中度：赫芬达尔指数 = 前十大股东持股比的平方之和
	Shr1	第一大股东持股比例
控制变量	Nx	多元化指数：企业参与行业的个数
	Owner	产权性质：公司第一大股东的产权性质，国有为 1，民营为 0
	Eps	每股收益 = 净利润/普通股股份数
	size	公司规模：公司营业收入总额的自然对数
	Dta	资产负债率 = 负债总额/资产总额
	IND	行业哑变量
	Year	年度

5.5　实证结果分析

5.5.1　描述性统计分析

本书采用创业板公司上市之前 3 年的数据来检验以上假设

1－6，表5－2描述了各变量的取值情况，从表5－2中可以看出，约有22%的创业板上市公司存在产业投资者，其持股比例均值约12%左右。

表5－2　　各变量的描述性统计结果

变量名	样本数	均值	标准差	最小值	最大值
ifind	1074	0.2207	0.415	0	1
Indrate（%）	237	12.87	11.86	0.011	51.75
TAR	1032	0.216	0.153	0.000	0.878
IAR	1071	0.047	0.060	0	0.7856
SCR	1071	0.077	0.080	0	0.6049
FA	1074	7.648	0.411	6.76	9.10
Owner	1074	0.044	0.204	0	1
Herfindahl	1174	0.169	0.086	0.0158	0.4784
Shr1（%）	1074	34.116	12.76	9.79	68.87
Nx	1062	1.725	1.455	1	10
Eps	1127	0.6816	0.606	0	9.38
Patent	539	4.61	8.38	1	68
R&Dstaff	1074	0.038	0.062	0	0.373
Dta（%）	1067	43.66	16.99	3.05	92.48
Size	1074	19.12	0.735	15.24	21.229

表5－3描述了创业板上市公司的行业分布与接受产业投资者的基本情况，可以看出产业投资者多出现在制造业、计算机信息技术等行业，制造业中的产业投资者持股比例也比较高。本书将创业板上市公司划分为6个行业大类①，按照各行业的销售费

① 根据中国证监会（CSRC）《上市公司行业分类指引（2001年版）》划分。

用率均值进行排序，其序号即可作为反映行业竞争程度的衡量指标 DC（Degree of Competition）。销售费用率越高，竞争越激烈，排名越靠前。可以看出，食品医药与信息通讯技术行业的竞争比较激烈，而非金属制造业竞争性则相对较低。

表5-3　　样本公司行业分布

行业编号	行业	公司个数	销售费用率 SCR	是否存在产业投资者 Ifind	产业投资者持股比例 Indrate	行业竞争程度 DC
1	农业和采掘业	12	.0733	.1891	6.60	3
2	食品、医药、生物制造业	31	.1579	.3225	12.16	1
3	电子设备、电子元件、专用设备制造业	147	.0669	.2302	10.45	4
4	非金属制造	52	.0437	.2515	17.5	6
5	信息通讯技术	76	.0894	.2217	7.21	2
6	仓储零售、旅游、出版、其他	37	.0606	.0625	13.61	5

5.5.2 多元回归分析

下面通过多元回归分析，以检验创业企业的技术资源、资源需求、股权结构等特征对引入产业投资者的影响①。需要说明的是，由于企业的产权性质、股权结构各年之间变化不大，因此检

① 在多元回归之前，本书采用 Pearson 相关系数检验变量之间的关系，从结果来看变量之间相关系数最大的是募集资金总额（FA）与企业规模（size）的相关系数（0.45），每次回归之后的方差膨胀因子检验显示各自变量的方差膨胀引子均小于5，可以排除自变量间的多重共线性问题。限于篇幅，具体结果省略。

验不适用固定效应模型，而是采用基于混合面板数据的回归方法并同时控制行业与年度的影响。由于因变量“是否存在产业投资者（ifind）”是二值响应变量，本书采用 Logit 模型进行模型估计。当因变量是“产业投资者持股比例（Indrate）”时，则采用混合最小二乘法进行估计。另外，每个模型回归之后均进行 Hettest 异方差检验，对于存在异方差的模型采用 robust 回归修正方差，以保证回归结果检验的可靠性。回归结果如下：

（1）资源需求与产业投资者。

表 5－4　　创业企业资源需求与产业股东引入

	(1)	(2)	(3)	(4)	(5)	(6)
	ifind	ifind	ifind	ifind	ifind	ifind
FA	6.933***			6.384**	6.933***	6.384**
	(3.50)			(3.17)	(3.50)	(3.17)
TAR		2.093***		2.101***		2.101***
		(3.47)		(3.51)		(3.51)
DC			−0.686*		−0.633*	−0.457
			(−2.20)		(−2.05)	(−1.45)
Owner	2.198***	2.282***	2.184***	2.285***	2.198***	2.285***
	(6.36)	(6.46)	(6.32)	(6.50)	(6.36)	(6.50)
Shr1	0.0163**	0.0149*	0.0161**	0.0151*	0.0163**	0.0151*
	(2.62)	(2.35)	(2.61)	(2.38)	(2.62)	(2.38)
Nx	0.103	0.0888	0.104	0.0904	0.103	0.0904
	(1.84)	(1.56)	(1.88)	(1.58)	(1.84)	(1.58)
EPS	0.0533	0.277	0.197	0.142	0.0533	0.142
	(0.27)	(1.44)	(1.04)	(0.70)	(0.27)	(0.70)
Dta	−0.00514	−0.0129*	−0.00856	−0.00982	−0.00514	−0.00982
	(−0.95)	(−2.33)	(−1.60)	(−1.75)	(−0.95)	(−1.75)

续表

	(1) ifind	(2) ifind	(3) ifind	(4) ifind	(5) ifind	(6) ifind
Size	-0.0815	0.244	0.163	0.0143	-0.0815	0.0143
	(-0.55)	(1.79)	(1.22)	(0.09)	(-0.55)	(0.09)
_cons	-17.51***	-7.113**	-3.033	-18.44***	-15.61***	-17.06***
	(-4.08)	(-2.86)	(-1.13)	(-4.22)	(-3.49)	(-3.74)
Year	控制	控制	控制	控制	控制	控制
IND	控制	控制	控制	控制	控制	控制
LR chi^2	103.67	100.49	91.24	110.63	103.67	110.63
Prob > chi^2	0.000	0.000	0.000	0.000	0.000	0.000
Pseudo R^2	0.093	0.093	0.08	0.102	0.0934	0.102
N	1053	1016	1053	1016	1053	1016

（括号内是 Z 检验的统计量；* 表示 $p < 0.05$，** 表示 $p < 0.01$，*** 表示 $p < 0.001$）

表 5-4 中的因变量为“是否存在产业投资者”，6 个模型的“卡方检验统计量（LR chi^2）及其对应的 P 值，均显示模型通过整体显著性检验。具体来说，可以得到以下结论：（1）第 1 列检验代表财务资本需要的“募集资金总额（FA）”对因变量的影响，可以看出其回归系数显著为正（1% 水平上显著），且在 4-6 列中结论一致，假设 1 得到验证。即创业企业对财务资本需求越强，越有可能接受产业投资者入资。（2）第 2 列检验了有形资产比（TAR）与接受产业投资概率（ifind）之间的关系，结果显示二者显著正相关（$p = 0.001$），第 4、6 列有形资产比的回归系数也显著为正，假设 2 得到验证，即资本越密集、越需要生产性资源的创业公司越倾向于接受产业投资者的投资，这一结论在多个模型以及稳健性检验中都比较一致。（3）第 3 列检验

了创业企业所处的行业竞争程度（DC）与 Ifind 的关系，回归系数显著为负，“行业竞争性排名序号”与产业投资者负相关，即公司所处行业的排名越靠前、行业的市场资源竞争性越激烈，就越倾向于接受产业投资者，假设 3 得到验证。（4）另外，代表控股股东控制能力的第一大股东持股比例（Shr1）的系数在 1—6 列均显著为正，说明当创始股东的持股比例较大、控制能力较强时，也可能承担产业投资者的潜在风险而接受其投资。

表 5 – 5 将因变量换成“产业投资者持股比例（Indrate）”，采用最小二乘法对以上模型重新回归，所得到的结论与表 5 – 4 基本相同：FA 与 TAR 的回归系数都显著为正，说明创业企业的财务资本与生产性资源需求越强烈，接受越多的产业投资者投资，产业投资者的持股比例越高。与表 5 – 4 结论不同的是，行业竞争程度与第一大股东持股比例的回归系数不显著，其与产业投资者持股比例的关系没有得到验证。

表 5 – 5　创业企业资源需求与产业投资者持股比例

	(1)	(2)	(3)	(4)	(5)	(6)
	indrate	indrate	indrate	indrate	indrate	indrate
FA	11.44*			11.74*	11.44*	11.74*
	(2.07)			(2.04)	(2.07)	(2.04)
TAR		6.734***		6.750***		6.750***
		(3.85)		(3.87)		(3.87)
DC			0.757		0.924	0.871
			(1.66)		(1.69)	(1.86)
Owner	8.167***	8.382***	8.195***	8.355***	8.167***	8.355***
	(7.19)	(7.28)	(7.21)	(7.26)	(7.19)	(7.26)
Shr1	0.00425	−0.00290	0.00370	−0.00240	0.00425	−0.00240
	(0.23)	(−0.15)	(0.20)	(−0.13)	(0.23)	(−0.13)

续表

	(1) industry	(2) industry	(3) industry	(4) industry	(5) industry	(6) industry
Nx	0.0460 (0.28)	0.0459 (0.27)	0.0414 (0.25)	0.0544 (0.32)	0.0460 (0.28)	0.0544 (0.32)
EPS	1.295* (2.26)	1.724** (2.99)	1.516** (2.69)	1.496* (2.55)	1.295* (2.26)	1.496* (2.55)
dta	-0.0203 (-1.31)	-0.0317* (-2.00)	-0.0250 (-1.63)	-0.0262 (-1.64)	-0.0203 (-1.31)	-0.0262 (-1.64)
Size	-0.854* (-2.04)	-0.397 (-1.02)	-0.485 (-1.28)	-0.785 (-1.81)	-0.854* (-2.04)	-0.785 (-1.81)
_cons	-10.36 (-0.85)	7.588 (1.07)	8.430 (1.20)	-13.86 (-1.09)	-13.14 (-1.05)	-16.48 (-1.27)
Year	控制	控制	控制	控制	控制	控制
Ind	控制	控制	控制	控制	控制	控制
F	5.33	5.79	5.43	5.72	5.33	5.72
Prob > F	0.000	0.000	0.000	0.000	0.000	0.000
$Adj-R^2$	0.081	0.074	0.077	0.094	0.081	0.094
N	1053	1016	1053	1016	1053	1016

（括号内是 T 检验的统计量；* 表示 p<0.5，** 表示 p<0.01，*** 表示 p<0.001）

（2）技术资源、风险防御与产业投资者。本部分检验创业企业的技术资源拥有情况与风险防御手段在选择外部产业投资者中所起的作用。表 5-6 中，用无形资产比率（IAR）代表公司技术资源状况，并选择公司的科技研发能力（R&Dstaff）与创始股东的控制权（Shr1）作为防范产业投资者战略干扰与资源侵占风险的两种手段，模型中添加它们与技术资源的交叉项，重点检验它们与产业投资者的关系，以及它们对技术资源与外部投资者之间负相关关系的调节作用。

表 5-6 创业企业技术资源禀赋、风险防御与产业投资者

	(1)	(2)	(3)
	ifind	ifind	ifind
IAR	-6.044**	-22.44***	-27.33***
	(-2.77)	(-3.50)	(-3.98)
R&Dstaff	-0.919	-0.845	-1.168*
	(-1.69)	(-1.78)	(-2.35)
Shr1	0.0174**	-0.00545	-0.00587
	(2.67)	(-0.57)	(-0.62)
IAR × R&Dstaff	75.04**		67.25**
	(3.09)		(2.83)
IAR × Shr1		0.537***	0.577***
		(3.33)	(3.50)
TAR	2.383***	2.154***	2.387***
	(3.85)	(3.95)	(4.30)
FA	6.064**	5.743**	4.884*
	(2.97)	(2.94)	(2.47)
DC	-0.203	-0.127*	-0.129*
	(-0.62)	(-2.31)	(-2.34)
Owner	2.255***	2.195***	2.159***
	(6.41)	(6.37)	(6.27)
Nx	0.108	0.128*	0.138*
	(1.86)	(2.21)	(2.37)
EPS	0.176	0.161	0.202
	(0.86)	(0.79)	(0.99)
Dta	-0.00956	-0.0114*	-0.0101
	(-1.68)	(-2.08)	(-1.84)
Size	0.0521	0.111	0.160
	(0.33)	(0.75)	(1.07)

续表

	(1) ifind	(2) ifind	(3) ifind
_ cons	−17.83 *** (−3.86)	−16.49 *** (−3.87)	−15.32 *** (−3.58)
Year	控制	控制	控制
IND	控制	控制	控制
LR chi^2	118.69	109.12	116.52
Prob > chi^2	0.000	0.000	0.000
Pseudo R^2	0.111	0.102	0.109
N	992	992	992

（括号内是 Z 检验的统计量；* 表示 p < 0.5，** 表示 p < 0.01，*** 表示 p < 0.001）

从表 5－6 中可以看出，（1）第 1—3 列的无形资产比率（IAR）的回归系数均显著为负（0.1% 的水平显著），这说明无形资源、技术资源越丰富的企业越不愿意接受产业投资者的投资，假设 4 得到验证。（2）无形资产比率（IAR）与研发人员比例（R&D staff）的交乘项（IAR × R&D staff）系数为正且比较显著，这说明当创业企业无形资产与企业研发能力都比较强时，则越有可能接受产业投资者，假设 5 得到验证。（3）代表控股股东控制能力的第一大股东持股比例（Shr1）与无形资产比（IAR）的交乘项（IAR × Shr1）的系数显著为正，说明创始股东的持股比例较大、控制能力较强的科技企业，也可能承担产业投资者的潜在风险而接受其投资，假设 6 得到验证。其他资源需求变量（财务资本需要 FA，有形生产资源需要 TAR，市场资源需要 DC）的回归结论与前面结论一致。另外，当以产业投资者持股比例（Indrate）作为因变量，除了有形资产比（IAR）与募资基金总额（FA）的回归系数显著为正之外，其他技术资源、风险防御等变量与产业投资者持股比例的关系不显著。

5.5.3 稳健性检验

在表5-7中，本书采用创业板上市公司的“非专利技术与专利技术（Patent）”的数据替换“无形资产比率（IAR）”，用“股权集中度（Herfindahl）”替换“第一大股东持股比例（shr1）”，并用招股数量“IA”替换实际募集资金额“FA”，对以上结论进行稳健性检验。表中1-2列依旧以“是否接受产业投资者（Ifind）”为因变量、3-5列则以产业投资者的持股比例（Indrate）为因变量。

表5-7 稳健性检验

	(1) ifind	(2) ifind	(3) indrate	(4) indtate	(5) indrate
TAR		1.811** (2.23)	6.089*** (4.08)		6.499*** (4.20)
Patent	-0.0569** (-2.27)	-0.135*** (-2.60)			
Patent × R&Dstaff		0.214 (1.31)			
R&Dstaff		-0.290 (-0.35)		-0.159 (-0.12)	0.395 (0.28)
IAR				-14.49** (-2.14)	-16.90** (-2.21)
IAR × R&Dstaff				42.11** (1.99)	44.33* (1.96)
IA	1.222*** (3.28)	0.905** (2.48)	0.498 (0.79)	0.983 (1.57)	0.541 (0.83)

续表

	(1) ifind	(2) ifind	(3) indrate	(4) indtate	(5) indrate
owner	2.447 *** (4.25)	2.407 *** (4.12)	7.664 *** (7.87)	7.373 *** (7.56)	7.479 *** (7.59)
Herfindahl	2.274 (1.60)	3.405 ** (2.25)	1.235 (0.52)	2.812 (1.17)	2.394 (0.96)
Nx	0.127 * (1.72)	0.0604 (0.77)	0.111 (0.76)	0.122 (0.83)	0.119 (0.79)
Eps	0.717 ** (2.58)	0.707 ** (2.58)	1.394 *** (2.67)	1.527 *** (2.76)	1.560 *** (2.77)
Dta	0.0015 (0.19)	-0.007 (-0.89)	-0.03 ** (-2.32)	-0.023 * (-1.72)	-0.0302 * (-2.17)
Size	-0.721 *** (-3.00)	-0.248 (-1.02)	-0.03 (-0.08)	-0.256 (-0.64)	0.0437 (0.10)
_cons	1.840 (0.50)	-4.609 (-1.22)	-4.265 (-0.71)	-2.621 (-0.43)	-6.069 (-0.96)
Year	控制	控制	控制	控制	控制
IND	控制	控制	控制	控制	控制
LR chi^2 (F)	59.29	59.65	6.99	5.83	6.31
Prob > chi^2 (Prob > F)	0.000	0.000	0.000	0.000	0.000
PseudoR^2 (Adj - R^2)	0.1131	0.1180	0.1120	0.1037	0.1202
N	529	493	1016	1029	992

（括号内是单个系数 Z 检验与 T 检验的统计量；* 表示 $p < 0.1$，** 表示 $p < 0.05$，*** 表示 $p < 0.01$）

可以看出：创业企业“非专利与专利技术（Patent）”的系数显著为负、有形资产比率（TAR）的系数显著为正，从而与以上结论一致。但企业技术资源的变量换成“非专利与专利技术后”，研发能力（研发人员比例 R&D staff）的调节作用没有得到验证。1 -2 列中公司招股数量（IA）的系数显著为正，但是 3 -5 列虽然为正却不显著，说明公司的财务资本需求与是否引入产业投资者正相关，但是却与产业投资者的持股比例相关性并不明显。总的来看，有形资产比（TAR）的系数依然显著为正，无形资产比（IAR）系数为负，且企业研发能力负向调节技术资源与产业投资者投资的负相关关系，与以上检验结论一致。股权集中度的回归系数都为正，但是只有第二列显著。在稳健性检验中，假设 1、2、4、5、6 均再次得到不同程度的验证，但假设 3 的检验结论却令人困惑，行业竞争程度（DC）与是否接受产业投资者（ifind）的回归系数依然显著为负，即竞争性越激烈行业的创业企业越倾向于接受产业投资者，然而，产业投资者持股比例的回归系数却显著为正，即行业竞争越激烈，创业企业所接受的产业投资者的股权比例越低（限于篇幅，具体实证结果省略）。这可能是由于行业竞争性不同，创业企业对那些以市场资源占优势的产业投资者具备防范心理，出于资源获取的考虑引入外部股东，而又出于控制权的考虑抑制外部股东的持股比例。这其中的作用机理值得进一步探讨，也为我们未来进一步的研究提示方向，但不在本书中深入展开。

5.6 结论与启示

尽管创业企业属于资源匮乏且外部依赖性较强的资源需求方，但它们对外部股权投资者的选择并非完全是被动、“来者不拒”的，而是需要权衡各种因素。本书研究证实，创业企业股东关系构建是一个选择的过程，既要考虑其自身资源禀赋、资源需求状况，也需考虑新引入的产业投资者所可能带来的风险及企业自身对应的风险防御能力。这一研究为未来股权融资的研究提供了一个新的视角，并为创业企业的投资人选择提供了重要启示。

当然，本研究存在一些不足之处。主要表现在：我们强调对创业企业一方的资源特征与资源需求讨论，但并未过多关注作为资源提供方的产业投资者的资源属性和资源特征，也未对产业投资者进一步更细的分类。所有这些都可能是未来值得深入研究的问题。

第6章

股东资源与实际控制权

——雷士照明公司控制权争夺的原因与结果分析

创业公司一旦引入外部股东即意味着改变公司原有股权结构，并伴随着公司控制权的重新配置，由此也可能引发公司战略、组织架构、财务、人事等诸多方面的变动，极端情况下会导致内部管理冲突和公司控制权争夺①。本章关注的话题是：（1）创业公司在引进外部股东之后，为什么常常会产生公司控制权争夺？争夺背后的真正原因到底是什么？它对公司治理的影响又是什么？（2）究竟是什么决定了参与争夺的股东的斗争力量？哪一类外部股东对创始股东的控制权的潜在威胁更大？

本章以各股东所拥有并投入公司的资源——“股东资源”为视角，透过对雷士照

① 创投之争已经成为民营企业发展绕不开的暗礁。如，相对较久的案例有娃哈哈与法国达能集团、红孩子与凯鹏华盈间的控股权之争，近期的俏江南与鼎晖创投、雷士照明与赛富亚洲、相宜本草与今日资本、雅虎与阿里巴巴的“雅巴之争”等等。

明控股有限公司（股票代码：HK2222）“控制权争夺”的案例分析来讨论上述议题。本章理论创新在于：（1）突出大股东间关系基础是资源的相互依赖性，拓展公司治理研究的视野。（2）深化对控制权及其争夺原因的理解，强调资源依赖理论对控制权争夺发生原因的解释能力。（3）突出股东资源在股东实际控制权分配中的重要地位，股东的资源背景对其公司治理参与动机、参与能力与控制权争夺实力具有重大影响。

6.1　理论分析与研究命题

6.1.1　股东资源、实际控制权与控制权争夺原因

（1）创业企业股权结构是股东资源对价的静态体现。创业企业股权关系与股权结构的构建，本质上是创始股东出于获取外部互补资源的目的，通过分散股权的方式而引进外部股东的过程。股东资源互补性更多地体现在“非财务资源”方面，如：创始股东的资源不仅体现在对企业的第一笔创业资本投入上，还包括企业在创业过程中所积累的创业技术、创业管理经验、劳资关系、政治关系、供销商信任等特定非财务资源（贺小刚、沈瑜，2008）。外部股东的非财务资源因股东“专业属性、能力”等不同而各有差异，如投资银行、股权投资基金等外部财务股东的资源优势，主要在于帮助公司打通资本市场通道[①]、优化公司

① 如蒙牛股份，以摩根、鼎晖、英联投资为代表的机构，在投资后各委任一名董事进入蒙牛股份董事会，优化董事会内部结构，从而形成有效的权力制衡机制，并顺利打通境外上市的资本市场通道。

治理机制、充当有效监督管理者等重要角色；产业股东则兼具资本优势和其他诸如管理、经营场所、技术、市场网络等各方优势，帮助公司提升在技术、营销、管理、国际化进程等各方面的能力①。正是非财务资源的互补性才促成创始股东与外部股东聚合在一起。

股东持股比例是股东之间各自资源的相对重要程度与依赖性的反映，体现了各自资源在签订融资合约时点上经过讨价还价之后的对价。即持股比例不仅反映投入股东财务资本的多寡，更内化了部分非财务资源的价值。拥有重要的稀缺的非财务资源的股东，也可以据此在投资时要求较多的持股份额。比如，投入技术的股东也可以拥有部分企业股份。但一旦融资行为结束、正式融资合约签订，则这种讨价还价所确定的“持股比”将在“融资合约条款”中固化。这种“固化”的合约关系界定了股东的“名义控制权”，它既维护了大股东之间的联盟关系和公司内部秩序（权力被规则化），同时也增加大股东之间未来关系的调整难度。

（2）非财务资源价值隐含性与权变性。与财务资本不同，股东非财务资源的价值难以完全体现在资产负债表的“权益资本”项下。原因在于：①股东的非财务资源投入水平取决于股东个人，存在不确定性；②这类资源的价值不具备独立性，难以单独观测，与“团队”（team）绩效所面临的问题相类似，人们无法对任何一种社会关系资本、人力资本等对公司的“边际贡献”进行单独且有效的测度（Alchian & Demsetz，1972）；③股

① 在全球化和“走出去”战略的今天，中国公司在引入外资时，并不完全看重其资本优势，外方也常常被赋予协助公司走国际化的这一使命，如2013年11月伊利集团引入意大利、美国同业公司。

东的非财务资源与股东不可分割，难以找到可供交易的“市场”从而对其价值进行公允定价；④资源价值权变性，股东资源的价值随资源稀缺、不可替代等程度的改变而改变。因此，经合约各方的“讨价还价”后确定的持股比例并不能完全反映股东的全部资源对价，部分被考虑的非财务资源价值也仅反映了当时当日的资源依赖性情形，随着时间的改变，固化的名义权利分配情况有可能会与股东资源的实际对价相偏离。如创业初期创始股东对外部股东的财务资本、市场网络等资源依赖性越强，讨价还价能力也就越弱，其非财务资源价值就越有可能被低估，随着企业大发展，对外部依赖性逐渐下降，创始股东的人力资本与社会资本的价值会逐渐显现[①]。

（3）基于股东资源的股东权力：“名义控制权”与“实际控制权”的分离。大股东实际控制权的配置本质上与“股东资源”的价值密切相关，一些股东基于资源优势而在“事实上”取得与其“持股比”不对等的权力，如，创始股东依其在创业过程中积累起来的个人才能、家长权威、团队信任、差序格局等家族伦理关系，在公司中享有较高公司控制权（Redding，1996；储小平，2004；连燕玲等，2011），基于股东资源及其价值所配置的权力——具有非制度化的隐性特征：①与股东资源价值密切相关（资源越稀缺、价值越大，则股东的话语权越大）；②不可分割性，它为大股东个体所私有且无法被其他股东所利用或控制；③动态性，该权力受股东资源的重要性程度、相互依赖程度、资源可得性程度等因素的影响，并随资源的价值与依赖性转化而动

① 随着知识经济下很多“新企业”的出现，人力资本、社会资本、管理能力等的重要性远超财务资本，甚至，创业企业的控制权形成基础是企业家个人的人力资本而非其他物质资本（周其仁，1997）。

态变化（Thompson & McEwen，1958；Donaldson & Preston，1995；马迎贤，2005；Zingales，2000）。而股东“名义控制权”具有制度化的显性特征，它是静态的、历史的，只能反映过去某一时点的资源对价，股东实际控制权与名义控制权的分离不可避免。

（4）基于股东资源的“回报”、大股东寻租与控制权争夺。公司是各种资源的组合（Penrose，1959；Grant，1996;），公司资源所有者在投入资源时均以寻求“资源回报”为目的（Coff，1999），通常情况下，股东以持股比为标准分享公司收益①。大股东连带注入的各种非财务资源，尽管在理论上“有权”分得其合理回报，但实际往往落空。原因在于：现实法律、规则体系大多以股东各方事先固化的持股比作为收益分配依据。股东资源高价值、高投入量与依持股比分得的合法收益存在不对等，大股东则可能产生谋取私利行为，凭借其较强的实际控制权，掏空与侵占其他股东利益，填补以持股比获得的收益与股东资源预期收益之间的差距。这将打破大股东间已有的契约关系及利益格局，从而产生“控制权争夺纠纷”。可见，股东间的控制权争夺源于“股东资源与资源回报”的不对等性，是对股东初始合约不完善性的一种修复机制，并带动大股东间关系再协调与公司治理的动态调整。

基于以上分析，提出本章研究命题一：大股东非财务资源的存在导致股东的实际控制权与名义控制权不一致，这是公司控制权争夺发生的本质因素。参见图 6－1。

① 不过在代理理论看来，对于那些拥有公司控制权的大股东，依然存在着凭其控股优势、控股结构安排（如金字塔结构、交叉持股、多类别股票等）等而侵占其他股东的权益、谋取控制权私人收益（private benefits of control）的风险。

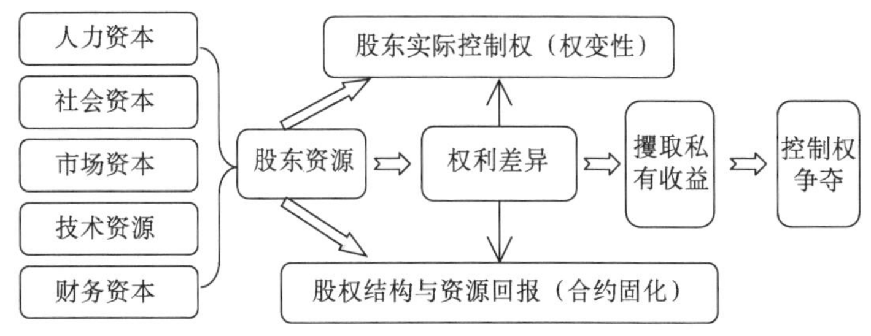

图 6－1　公司控制权争夺产生的原因

6.1.2　外部股东类别、资源特征与控制权争夺后果

（1）资产专用性与股东资源类别。根据交易成本理论，资产专用性是指“在不牺牲生产价值的条件下，资产可用于不同用途和由不同使用者利用的程度”。一项资产的专用性与这一资产用于其他用途或由不同使用者利用时其生产价值的损失程度成正比，损失程度很大时，为专用性资产，反之，则为通用性资产（费方域，1996）。契约双方中投入了专用资产时的一方面临被对方敲竹杠的风险，即如果另一方采取机会主义行为提前终止交易，投入专用资源的一方可能蒙受严重损失。而通用资源通常可以比较方便地转移或改变用途，不会因为合作失败而价值受损。因此，为了避免在资源投入之后的风险，通常专用性资源的所有者会比较积极地参与资源的使用决策，即具有参与公司治理与管理的强烈动机。

股东资源可分为财务资源与非财务资源，这两类资源具有显著的不同点。财务资本属于通用资源，变现性与流动性比较强，转换用途比较方便，其价值独立于其他资源，股东可以在公开交易的市场中转让股份、撤回所投入的财务资本，退出投资收益不满意的公司。而非财务资源具有一定的专用性，如签订技术合作协议的投资者投入一定的技术资源，设立合资企业的投资者投入土地使用权与专用设备，或者签订供销渠道与市场网络共享协议等等。此类资源一旦投入便不易撤出与改变用途，或者退出之后其价值将大打折扣。

（2）股东类别与控制权争夺的力量对比。根据外部股东投入的主要资源特征不同，可将其大致可分为财务投资者和产业投资者两种，财务投资者主要投入财务资源，而产业投资者投入专项性较强的非财务产业资源[①]。投入专项性较强的资源的产业股东的风险要远远大于投入通用性资源的股东，此类股东必然要求参与创业企业的管理与治理，以确保资产的组合与使用等决策符合自身利益，尽量降低风险。因此，产业投资者具备较高的治理动机与参与积极性，如派驻董事参与公司决策，甚至直接派人担任被投资企业的财务、市场、人事等职务，以保护其在未来经营过程中拥有控制权。而主要投入财务资源的财务投资者由于可以比较方便地退出不满意的被投资企业，对于公司治理的参与动机不强，主要通过事前设计各种合同（如对赌协议、红利要求等）来限制企业控股股东的行为，属于“保持距离型”投资者（葛永盛和张鹏程，2013）。

基于以上分析，提出本章研究命题二：产业股东对于公司治理的参与程度高于财务股东，在与创始股东的控制权争夺过程中，表现出更强的斗争能力。

---

① 每个股东都是各类资源的集合体，如财务股东也投入管理经验与法律知识等，产业股东除了产业资源外也投入财务资本。本书按照其主要资源的特征将其分类。

6.2　研究思路与案例公司背景介绍

6.2.1　研究思路

本章通过分析雷士照明 2012 年“控制权争夺”案例，考察民营公司创始股东与外部股东之间的权力配置、冲突及经济后果。(1) 原因分析主要沿着“股东资源——股东资源回报与实际控制权——控制权争夺”这一基本逻辑。(2) 结果分析则采用“股东类别——股资源专用性特征——股东治理行为差异”的分析思路。

6.2.2　研究方法与资料收集

本章采用单案例研究法，单案例分析的一大优势在于有机会收集不同证据来展示所论述的问题，从而将“怎么样”和“为什么”说清楚，尽管难以得出统计意义上的普遍结论，但却可得出分析意义上的普遍结论（Yin，1994；张霞、毛基业，2012）。

本章之所以选择雷士照明作为案例样本，是因为：(1) 该公司“发展历程”具有中国民营公司的典型性，它几乎涵盖了大部分民营公司初创与快速增长、面临资本短缺、引入外部股东、公开上市、公司治理冲突及创投矛盾等所有关键词；(2) 案例资料丰富。该公司创始股东（吴长江先生）与外部股东的控制权之争，一度成为 2012 - 2015 年度媒体追逐的焦点。本章所收集的所有资料均源于公开信息，包括：雷士照明官网所披露的所有相关信息；该公司按香港联交所要求所披露的所有相关信息（定期报告、各类公告等)；2012－2013年有关雷士照明风波相关的新闻评论、电视网络采访等媒体信息[①]。上述资料构建了相对完整、可靠的证据链，能最大程度地确保研究资料的信度。

6.2.3 案例公司控制权争夺过程与股权结构背景

雷士照明控股有限公司（NVC，以下简称“公司”）由吴长江先生及其两位同学于1998年底创立，公司主业是新型照明产品的生产经营，公司于2010年5月在香港联交所公开上市。2008年3月“NVC雷士照明”商标被认定为中国驰名商标，并于2013年6月以82.16亿元的品牌价值名列照明行业第一位。2012年底公司总资产达45.34亿元，营业收入达35.46亿元，且自2008年以来，资产规模与营业收入分别保持高达25%、40%以上的年均增长率。

为分析该公司控制权之争，以下首先对其股权结构演变过程及所涉及的关键节点进行陈述与归纳。

(1) IPO前后（2006年6月至2012年5月），创始股东引入高盛、赛富、施耐德等外部股东。

2005年底在经历创始人分家风波后[②]，公司面临严重资金短缺，不得不开始大量引入外部资本。①2006年6月27日，向毛区健丽女士配发3000万股公司股份，对价为994万美元，毛区健丽取得30%的公司股权（该股权由Front Venture邓惠芳女士代持)。②2006年8月14日，“软银赛富”（SB Asia Investment

① 主要集中在《第一财经日报》、《中国证券报》、《东方财经》，中国经济网、和讯网、东方财富网等报纸杂志等与主流网络媒体。

② 根据分家协议，杜刚与胡永宏将其持有共66.66%股份转让给吴长江，总对价为人民币1.6亿（胡、杜两位股东先各拿5000万，剩余款项半年内付清)，股权转让后，吴长江全资拥有雷士工业。

Fund II L. P，简称“赛富”）投资 2200 万美元认购公司 555556 股 A 系列优先股。2008 年 8 月，赛富行使认股权证，以 500 万美元购买 97125 股 A 系列优先股、以 500 万美元认购 28471 万股 B 系列优先股。认购完成后，其持有公司股份上升至 36.05%。③2008 年 8 月，高盛（GS，Goldman Sachs）以 3655 万美元认购公司 208157 股 B 系列优先股，持有公司股份 11.02%；④引入世纪集团（股权代表：吴建农）并持有雷士照明 14.8% 股份。至 2008 年底，吴长江的持股比例稀释到 29.33%。⑤2010 年 5 月 20 日，公司以 2.1 港元/股的发行价在香港市场公开募集，筹得资本 15.3 亿港元。⑥公司上市后（2011 年 7 月 21 日）引入产业型战略投资者法国施耐德电气公司（Schneider Electric），施耐德投资 12.75 亿港元占公司股份的 9.2%，同时，公司与施耐德签订了为期十年的“销售网络战略合作协议”。表 6－1 反映了公司控制权争夺前、后的大股东股权结构演变过程。

表 6－1　　　　公司大股东的股权结构演变

阶段	时间	事件	创始股东持股比例	外部股东的持股比例（%）				
			吴长江	赛富	高盛	世纪集团	斯耐德	德润豪达
Pre－IPO 引入外部财务股东	2006 年初	引入 Front Venture	70					
	2006 年 6 月	引入 King view	65					
	2006 年 8 月	引入赛富	41.79	35.71				
	2008 年 8 月	引入高盛	34.4	36.05	11.02			
	2008 年 8 月	引入世纪集团	29.33	30.73	9.39	14.75		

续表

阶段	时间	事件	创始股东持股比例	外部股东的持股比例（%）				
			吴长江	赛富	高盛	世纪集团	斯耐德	德润豪达
Post－IPO 引入外部产业股东	2010 年 5 月	公司上市	22.34	23.41	7.15	11.23		
	2011 年 7 月	引入施耐德	15.33	18.48	5.65	9.04	9.22	
与财务股东的控制权争夺（引入产业股东，创始股东获胜）	2012 年 5 月	创始人辞职	18.57①	18.33	5.62	8.97	9.13	
	2012 年 12 月	引入德豪润达	21.31②	18.5	5.65		9.22	8.32
	2013 年 6 月	创始人回归董事会	9.39③	18.5	5.67		9.22	20.24
与产业股东的控制权争夺（产业股东获胜）	2013 年 12 月	公司回归稳定	9.39	18.5	5.76		9.22	20.24
	2014 年 8 月	创始人被免职	9.39	18.5	5.76		9.22	27.03
	2015 年 2 月	产业股东控制董事会	9.39	18.5	5.76		9.22	27.03

资料来源：根据雷士照明控股有限公司（2222.HK）《招股说明书》（2010）中“历史与架构”章节内容，以及 2010－2015 年年报与有关公告资料整理。

（2）创始股东与外部财务股东的控制权争夺（2012 年 5 月至 2013 年 6 月）。

①创始股东辞职。2012 年 5 月 25 日，公司发布公告称，创

① NVC inc 持股 17.07%，吴长江直接个人持股 2.50%。

② NVC inc 持股 18.79%，吴长江直接个人持股 2.52%。

③ 为了使自己重返董事会，吴长江将自己持有的、已质押并即将被银行拍卖的公司股票以高于市场价的价格转让给德豪润达，换取德豪润达的支持，而其个人在公司的股份仅剩 1.71%，通过 NVC 持股 7.68%。

始股东吴长江因个人原因辞去公司 CEO 与董事长职务。施耐德（股权代表：朱海、张开鹏）、赛富（股权代表：阎焱）等外部股东联合控制公司，阎焱先生出任董事长、张开鹏先生出任公司 CEO。创始股东离任、外部股东主导公司运营后[①]，公司业绩大幅下降。②创始股东回归董事会遭拒。6 月 19 日，公司股东大会否决吴长江弟弟吴长勇进董事会的提案；同年 6 月 26 日，董事会再次拒绝创始股东吴长江回归董事会的请求。③公司员工、经销商等力挺创始股东回归。2012 年 7 月 13 日，公司员工、经销商与供应商三方以全国罢工、停止下单、停止供货等要挟，要求公司请吴长江重归董事会、主导公司运营。在此期间，吴长江多次在二级市场增持公司股票，并以 19.53% 的持股比重回到第一大股东位置。④创始人对公司实施“事实控制”。2012 年 9 月 4 日，公司披露自愿性公告：成立由吴长江、穆宇、王明华、谈鹰、朱海和张开鹏 6 人组成的临时运营委员会以主导公司运营，吴长江任临时运营委员会负责人。2012 年 11 月 25 日，张开鹏辞去公司 CEO，2013 年 1 月 11 日，公司董事会宣布吴长江任首席执行官。⑤创始股东回归与外部股东退出董事会。2012 年 12 月底，吴长江将其持有的近 20% 股份转让给香港德豪润达公司，后者成为公司第一大股东，同时吴长江成为德豪润达第二大股东。2013 年 1 月 13 日，德豪润达董事长王冬雷进入公司董事会；2013 年 4 月 3 日，阎焱辞去公司董事长、非执行董事及薪酬委员会成员职务，王冬雷接任公司董事长；2013 年 6 月 21 日，公司股东大会选举吴长江为公司执行董事，吴长江借助德豪

① 吴长江离职之后，仅穆宇一人代表创始股东利益，其余董事皆为外部股东派出。穆宇于 1999 年加入雷士照明，跟随吴长江十余年间主要负责公司生产过程管理，2006 年 10 月 1 日至 2014 年 5 月任公司执行董事、副总裁。

润达曲线回归董事会。

（3）创始股东与外部产业股东的控制权争夺（2013 年 8 月至 2014 年 12 月）。

此后，创始人吴长江和德豪润达王冬雷进行了多轮持久的较量。2013 年 8 月 30 日至 2014 年 8 月 4 日期间，吴长江等人未获得雷士董事会、股东大会的审议和批准，先后 8 次以重庆雷士的名义进行违规担保，涉案资金已达到 5.49 亿元。2014 年 8 月 8 日，雷士照明发布公告，罢免吴长江的 CEO 职务，任命王冬雷担任临时 CEO[①]。随后 8 月 29 日在香港召开的临时股东大会，罢免吴长江的董事以及附属公司的所有职务，三位副总裁吴长勇、穆宇、王明华也被罢免。此后，吴长江仍坚守在子公司重庆雷士，并实际控制着万州工厂，与王冬雷形成“对峙”局面。2014 年 10 月 27 日，以德豪润达主导的雷士照明董事会已正式接管重庆总部，重庆雷士的法定代表人由吴长江变更为王冬雷。2014 年 10 月 28 日，惠州市公安局正式对雷士照明吴长江等人挪用资金立案侦查。10 月 30 日，多位运营商联名呼吁吴长江归还万州工厂基地。12 月 16 日，吴长江被惠州警方依法刑拘，雷士照明创始人吴长江与德豪润达的纠纷最终以吴长江的落败告终。公司控制权争夺前后的董事会成员情况参见表 6－2。

① 在当日的董事会上，除吴长江一人反对外，其他来自施耐德、软银赛富、高盛等董事均赞成罢免吴长江职务。

表 6－2　　公司控制权争夺前后的董事会成员情况

序号	姓名	委派者	职位	序号	姓名	委派者	职位
Panel1：2011 年 8 月至 2011 年 10 月				Panel 6：2013 年 4 月 3 日，阎焱退出，王冬雷任董事长			
1	吴长江	吴长江	执行董事、董事长、CEO	1	吴长江	吴长江	执行董事、董事长、CEO
2	穆宇	吴长江	执行董事、副总裁	2	穆宇	吴长江	执行董事、副总裁
3	阎焱	赛富亚洲	非执行董事	3	阎焱	赛富亚洲	非执行董事
4	林和平	赛富亚洲	非执行董事	4	林和平	赛富亚洲	非执行董事
5	许明茵	高盛亚洲	非执行董事	5	许明茵	高盛亚洲	非执行董事
6	*Alan Russell P*		独立董事	6	*Alan Russell P*		独立董事
7	*Karel Robert*		独立董事	Panel 7：2013 年 6 月 21 日，吴长江重返董事会			
8	王锦燧		独立董事	1	穆宇	吴长江	执行董事、副总裁
Panel 2：2011 年 10 月 12 日，引入施耐德，朱海进入				2	吴长江	吴长江	执行董事、CEO
1	吴长江	吴长江	执行董事、董事长、CEO	3	王冬明	德豪润达	执行董事
2	穆宇	吴长江	执行董事、副总裁	4	王冬雷	德豪润达	非执行董事、董事长
3	阎焱	赛富亚洲	非执行董事	5	林和平	赛富亚洲	非执行董事
4	林和平	赛富亚洲	非执行董事	6	朱海	施耐德	非执行董事
5	许明茵	高盛亚洲	非执行董事	7	王锦燧		独立董事
6	朱海	施耐德	非执行董事	8	戎子江		独立董事
7	*Alan Russell P*		独立董事	9	李港衞		独立董事
8	*Karel Robert D*		独立董事	Panel 8：2014 年 8 月 8 日宣布罢免吴长江（5 月穆宇退任）			

续表

序号	姓名	委派者	职位	序号	姓名	委派者	职位
9	王锦燧		独立董事	1	王冬明	德豪润达	执行董事
Panel3：2012 年 5 月 24 日，吴长江离职				2	肖宇	德豪润达	执行董事
1	穆宇	吴长江	执行董事、副总裁	3	熊杰	德豪润达	执行董事
2	阎炎	赛富亚洲	非执行董事、董事长	4	王冬雷	德豪润达	非执行董事
3	林和平	赛富亚洲	非执行董事	5	朱海	施耐德	非执行董事
4	许明茵	高盛亚洲	非执行董事	6	林和平	赛富亚洲	非执行董事
5	朱海	施耐德	非执行董事	7	李伟	德豪润达	非执行董事
6	*Alan Russell P*		独立董事	8	王锦燧		独立董事
7	*Karel Robert*		独立董事	9	李港衛		独立董事
8	王锦燧		独立董事	10	吴玲		独立董事
Panel 4：2012 年 8 月 27 日，独立董事辞任				11	王学先		独立董事
1	穆宇	吴长江	执行董事、副总裁	12	魏宏雄		独立董事
2	阎焱	赛富亚洲	非执行董事、董事长	Panel 9：2015 年 2 月 6 日，王冬雷任董事长及首席执行官			
3	林和平	赛富亚洲	非执行董事	1	王冬雷	德豪润达	执行董事、董事长、CEO
4	朱海	施耐德	非执行董事	2	王冬明	德豪润达	执行董事、副总裁
5	王锦燧		独立董事	3	肖宇	德豪润达	执行董事
Panel 5：2013 年 1 月 11 日，引入德豪，王冬雷进入				4	熊杰	德豪润达	执行董事

续表

序号	姓名	委派者	职位	序号	姓名	委派者	职位
1	穆宇	吴长江	执行董事、副总裁	5	林和平	赛富亚洲	非执行董事
2	林和平	赛富亚洲	非执行董事	6	朱海	施耐德	非执行董事
3	朱海	施耐德	非执行董事	7	李伟	德豪润达	非执行董事
4	王冬雷	德豪润达	非执行董事、董事长	8	李港衛		独立董事
5	王锦燧		独立董事	9	吴玲		独立董事
6	戎子江		独立董事	10	王学先		独立董事
7	李港衛		独立董事	11	魏宏雄		独立董事

资料来源：根据雷士照明控股有限公司（2222. HK）在港交所发布“董事名单及彼等角色及职能”、“非执行董事退任”、“董事变更与董事会委员会成员变更”、“独立非执行董事任命与董事会委员会成员变更”等公告整理。

6.3　案例分析

6.3.1　股东资源异质性与股东关系构建

（1）创始股东与外部股东的资源异质性。在本案例中，创始股东的非财务资源主要由以下方面构成：①创始股东的企业家才能、个人权威与影响力等人力资本。案例公司的创始人吴长江带领公司成为行业领先者，其个人先后获得“中国优秀民营企业家”、“安永企业家中国获奖者”等多项荣誉称号，体现创业家的创新精神、创新激情、变革推动力与高效利用企业资源等素质。2012 年 5 月 25 日吴长江发布“辞职”公告，公司当日股价暴跌近30%，很大程度上说明创始股东对公司成长的不可替代性。②与员工及供销商的情感契约、创业团队成员的互相信任等社会资本。已有研究表明，相对于其他高管成员，更换创始股东将面临高昂的情感壁垒和交易成本（徐细雄、刘星，2012）。吴长江通过“人情”理念和“情感”契约[①]，保证了公司与供应商、经销商之间关系的稳定，正是这种“情感”投入，使其在面临股权争夺和资本短缺时能得到公司员工、经销商、管理团队核心成员（如公司副总裁徐风云、刘双龙等）等的支持。③国内营销渠道等产业资源。截至2012年末，公司共有独家区域经销商36个、专卖店3231家、覆盖城市2249个，尽管这些渠道资源在法律上独立于公司，但随着与公司同生共长、合作共赢的发展历程越长，创始股东的权威性越加得到认可，这是一个控制权与权威自动强化的正反馈循环（朱国泓、杜兴强，2010）。在创始股东回归董事会被拒绝时，经销商们曾表示“如果吴长江不能重回雷士，雷士36个运营中心、3000多个专卖店可以一夜之间把雷士的商标撤下，换上新商标”。可见，创始股东的非财务资源具有重要价值，且其总是与“创始股东个人”联系在一起的（周其仁，1997），作为私有资源，很难被“内化”为公司资源。这说明：吴长江个人并非公司单纯的“资本投资者”，也并非公司的“职业管理者”，而是集财务资本、非财务资源于一身的“股东资源提供者”，离开这一连带注入的股东资源，公司价值将大打折扣。

本案例中的外部股东主要包括财务投资者（如Front Ven-

---

① 正如他曾所言，“我相信伟大的人性治理，而不是虚伪的契约精神……”。2008年金融危机，吴长江要求公司拿出2亿元对经销商进行授信、贷款免息，与经销商共渡难关。

ture、赛富、高盛等）、产业投资者（法国施耐德、德豪润达）两类。财务投资者股东资源主要表现为：①雄厚资本及其资本投入。如，公司在面临资金严重短缺的2006年3月至8月，财务投资者先后投入的三笔资本共折合人民币约2.6亿元[①]，为公司经营走上正轨提供融资支持；2008年8月，高盛与赛富的注资（共计4656万美元）为公司收购世通投资提供融资帮助。②资本运作经验。阎焱作为赛富的首席合伙人，具有丰富的资本市场经验（曾被评为2008年度《福布斯》中国最佳创业投资人），这些资本运作经验在助力公司港交所成功上市方面功不可没。再如公司引入高盛之时吴长江曾说："高盛的政府资源和丰富的资本经验，无疑是独一无二的，这正是我们看重的。"③公司治理经验。财务投资者投资于多个行业，在企业管理与公司治理方面有相对成熟的经验，这些经验可被移植到很多被投资企业之中[②]。公司治理不完善是大部分家族企业创业初期的通病，引入外部股东是改善其"家族化"甚至是"江湖式"管理模式的有效手段。

产业投资者的非财务资源主要有：①互补业务的从业经验。如，施耐德在能源与基础设施、工业过程控制、楼宇自动化和数据中心与网络等领域处于世界领先地位，公司引入施耐德是为了提升在工程业务方面的能力与跨国公司的管理经验。②技术优势。

---

① 主要包括：（1）2006年3月，正日集团（股权代表：叶志如）向公司提供200万美元贷款（当年8月实现债转股，占5%股份）；（2）2006年6月，机构Front Venture（股权代表：邓惠萍）投资994万美元占公司当时股份的30%；（3）2006年8月，赛富投入2200万美元并占公司股份35.71%。

② 正如阎焱所说的：我们投资一个企业，会要求对法律结构重组，因为中国很多企业在法律结构和组织架构上都是有漏洞的。另外，对中国企业的财务状况，要按上市要求重新调整。其次，要完善企业管理团队，比如说，我们投资一个企业后，第一件事是要帮他找CFO。

德豪润达的“优势资源”集中体现LED的研发和技术优势，公司引入德豪润达以降低LED照明产品的生产成本。案例公司股东的非财务资源及其特点参见表6－3。

表6－3　　案例公司股东的非财务资源及其特点

股东类别	创始股东	外部股东	
	（吴长江）	财务投资者（赛富、高盛等）	产业投资者（施耐德、德豪）
股东资源	人力资本：创新精神、创新激情以及变革推动力等企业家才能 社会资本：员工关系、供销商情感契约、创业团队信任等	专业资本：上市及资本运作经验、治理与管理规则能力等	技术资本：LED照明研发与技术优势，海外从业经验，工程照明业务开发
资源特点	不可替代、与股东个人不可分割	专业性知识	专用性强、不易退出

（2）资源互补与股权联合。创始股东通过资本市场吸收各种不同类型的股东是获取自身所需资源的重要方式，正式股东群体的形成以其股东资源的依赖、互补为首要因素。股东关系的建立，并不纯粹是资本与资本之间的“经济结合”，而是资源与资源之间的协同融合，更是“人”与“人”之间的管理融合，传统公司观念中的“资合属性”在民营公司中体现得并不完全充分，它更具有“人合属性”。具体到案例公司，创始股东因其个人资源禀赋与特点等主导公司运营与管理；外部股东则因“专业性”、“技术能力”等指导、监督及完善公司治理，最终推动公司快速成长。比如雷士照明与德豪润达的结合，正是由于王冬雷看中了雷士的品牌和渠道，吴长江则看中了德豪的技术和规

模，在照明行业向LED转型过程中，两者的资源互补促使其股权的联合。

6.3.2　控制权争夺的原因分析

6.3.2.1　持股比与股东的“名义控制权”的初始形成

创始股东的外部融资在事实上是一个“以权换钱”的决策，外部股东所得到的“持股比”在很大程度上取决于合约之初股东之间基于“股东资源”的讨价还价。本案例中创始股东（吴长江）先后引入毛区健丽（2006年6月）、赛富（2006年8月）、施耐德（2011年7月）等外部股东，其市盈率分别4.7倍、8.8倍、20.53倍，在公司盈利基本面没有重大改变的情况下，逐渐放大的市盈率大体说明，随着雷士照明逐渐摆脱资本稀缺、外部依赖性严重、创业资源被贬值的状态，其创始股东的资源价值已被市场认可并逐步显性化。但不管“持股比”是如何合理地反映了“已有的”股东资源，“固化的”的持股比仍难以反映股东资源价值的权变性。当创始股东的管理者身份（人力资本）、社会资本等股东资源优势作用越来越大时，这种一次性被计入“持股比”的资本规则将受到挑战。

6.3.2.2　创始股东依“持股比”的共享收益不足以弥补其资源租金

民营企业创业初期面临融资约束与严重的外部资本依赖，极易导致其“创业股东资源被贬值”。显然，基于初始融资合约中“持股比”所分得的共享收益，并不能与其资源投入相匹配。创始股东资源的价值与投入量难以直接计量，本案例中，我们通过分析创始股东资源的撤出对公司市值的不利影响，来大致估计创始股东资源的价值。

以2012年5月25日吴长江发布“辞职”公告这一事件为

例，从短期市场反应看当日公司股价最大跌幅达 33.6%。而从长期看，创始人离职（创始股东人力资本的撤出）、经销商与员工罢工（创始股东的社会资本撤出）等多起事件，直接导致公司股价在短短两个月内下跌 36%，市值缩水约 11.35 亿港元[①]。参见图 6－2 如果不考虑其他股东的资源，而将公司市值缩水全部归因于创始股东资源的撤出所致，则大体可计算出创始股东资源的总价值至少占公司总市值的 36% 左右。进一步，根据公司 2012 年股利发放总额 6384.4 万元计算，属于创始股东的收益在“股东资源”的分配口径上应等于 2298.38（6384.4×36%）万元，而依据持股比（18.78%）所实际得到的分红收益则为 1198.99（6384.4×18.78%）万元左右，两者差异约 1099.39 万元，这反映了创业股东资源投入与其回报上的不对等性[②]。

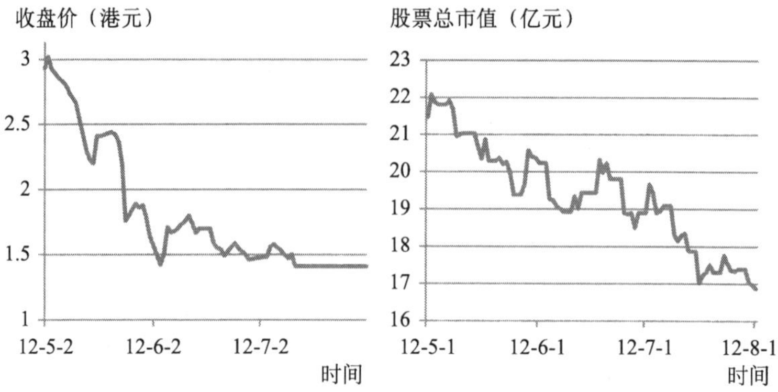

图 6－2　吴长江辞职系列事件的市场反应

---

① 以吴长江辞职前一天股票收盘价 2.2 港元/股与 2012 年 7 月底股价 1.41 港元/股计算，两个月内股价跌幅达 35.9%。《经济参考报》2012 年 8 月 10 日“雷士照明内讧引发多方大战 市值缩水机构观点不一”。

② 根据锐思金融研究数据库中“公司总市值”的数据计算，2012 年 5 月—7 月底，吴长江“辞职”系列事件导致的公司总市值减少约 5 亿元，减幅约 24% 左右。若以此估算其资源价值，仍超出其“持股比”所对应收益分享比例。

6.3.2.3　基于股东资源的事实控制

在不断引入外部资本、股份稀释情况下，创始股东公司控制权旁落的风险越来越大。创始股东为保住其对公司的“事实控制”，采用多种手段以维护其控制权地位：

①董事会超额席位（超额控制）。董事会始终是控制权争夺的主战场，董事会席位则是控制权争夺的主要目标。考虑到董事会中“独立董事”的独立性、争夺战中的中立性，本章用“股东在董事会中的实际席位/董事会非独立董事人数”来测定股东对董事会的“事实控制”比例（Villalonga & Amit，2009），以股东“持股比”为“名义控制”比例，以二者差额来测算大股东在董事会中的超额控制程度。以 2011 年 11 月—2012 年 5 月期间为例，公司董事会成员共 9 人，其中独立董事 3 人，而创始股东的董事代表有 2 人（吴长江与穆宇），据此，可测算出创始股东在董事会中的实际控制比 = 2/(9 - 3) = 33.33%，此时吴长江的“持股比”为 15.33%，由此可测算吴长江在公司董事会中的超额控制权 = 33.33% - 15.33% = 18%。表 6 - 4 和图 6 - 3 列示了公司主要股东基于董事会席位的事实控制与超额控制，并考虑股东间的联盟关系，比较控制权争夺中的对立双方的力量对比。

②直接参与管理的事实控制。如前所述，事实控制在很大程度上体现为对公司资产的排他性支配权，公司董事会中的执行董事、以总经理为首的经营团队等，都可看成是实际控制权的主要行权人。第一，从本案例中不难看出，创始股东（吴长江）在 2012 年 5 月之前一直担任公司董事长（兼总裁），拥有较大的实际控制权。第二，即使在董事会变迭之时，其股权代表穆宇先生也一直担任公司执行董事、副总裁之职，并在公司实际运营中发挥重要作用。第三，创始股东安排其家族成员在公司担任管理要

表 6－4　　大股东超额控制：基于董事会席位

股东分类 / 超额控制 / 时间	董事会规模（扣除独立董事）①	创始股东				外部股东			大股东联盟（注）	
		吴长江				赛富	施耐德	德豪润达	吴＋德豪	赛＋施
		股权比例②	占有席位③	实际控制（④＝③/①）	超额控制（⑤＝④－②）	超额控制	超额控制	超额控制	超额控制	超额控制
2011 年 8 月	5	0.1533	2	0.4	0.247	0.2152			0.247	0.215
2011 年 11 月（施耐德朱海进入董事会）	6	0.1607	2	0.333	0.173	0.148	0.074		0.173	0.223
2012 年 5 月（吴长江退出董事会）	5	0.1607	1	0.2	0.039	0.217	0.109		0.039	0.325
2012 年 8 月（高盛许明茵退出董事会）	4	0.1878	1	0.25	0.06	0.315	0.158		0.06	0.473
2012 年 1 月（德豪王冬雷进入董事会）	5	0.0939	1	0.2	0.123	0.015	0.108	0.117	0.240	0.123
2013 年 4 月（赛富阎焱退出董事会）	4	0.0939	2	0.5	0.406	0.065	0.158	0.047	0.454	0.223
2013 年 6 月（吴长江、德豪王冬明进入董事会）	6	0.0939	2	0.333	0.239	－0.018	0.0767	0.131	0.370	0.058

注：表 6－4 中，德豪润达是雷士第一大股东（持股比 20.24%），吴长江是德豪第二大股东（持股比 9.3%），双方通过交叉持股建立股东联盟，增强控制能力。而在控制权争夺过程中，阎焱（赛富）和朱海（施耐德）共同推荐来自施耐德的张开鹏接替吴长江担任 CEO，赛富与施耐德被认为在 2012 年的控制权斗争中具有一致行动关系，因此当次斗争中其控制能力也被合并计算。

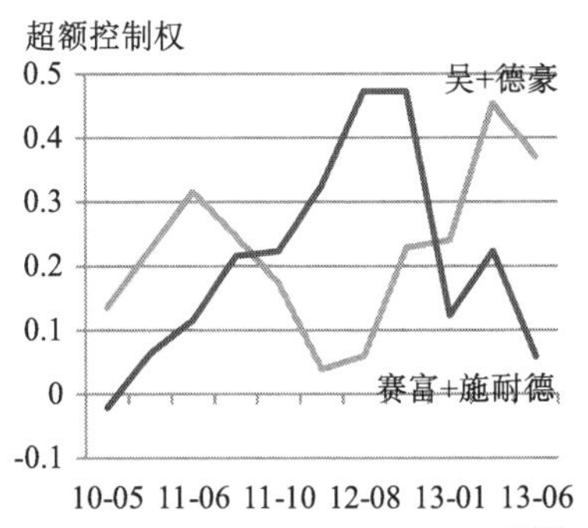

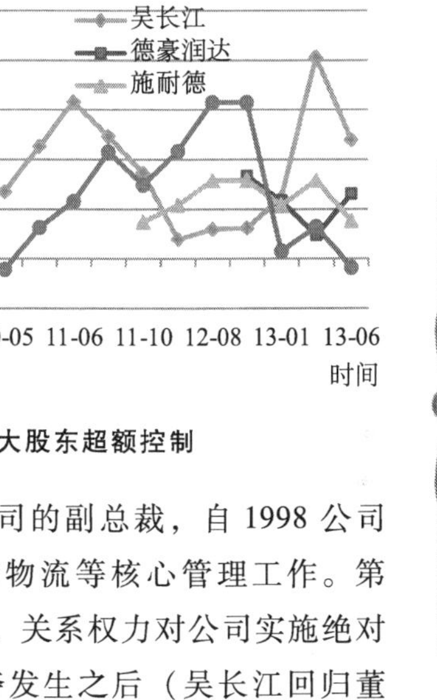

图 6－3　基于董事会席位的大股东超额控制

职。如：吴长江之弟吴长勇先生任公司的副总裁，自 1998 公司进入公司以来，一直负责公司采购与物流等核心管理工作。第四，吴长江借其在公司中的社会资本、关系权力对公司实施绝对控制，典型如 2012 年 5 月控制权争夺发生之后（吴长江回归董事会遭拒且由来自施耐德的股权代表张开鹏任 CEO 期间），公司迫于“各种压力”成立了以吴长江为首的“临时运营委员会”，由该委员会对公司进行“事实控制”。

6.3.2.4　基于实际控制权的私人收益：寻租

大股东之间的控制权与持股比并不完全对应，当股东分红收益低于其股东资源投入应得回报且在事后无法对持股比契约进行修正时，拥有实际控制权的股东将可能在契约执行（enforcement）上做手脚。在本案例中，拥有实际控制权的创始股东，由于股东资源难以取得“应得回报”，因此通过关联交易、资金占用等方式取得非正当收益就成为不二选择。表 6－5 列示了公司与吴长江关联企业①之间在2009—2012年间的关联交易金额。

表6-5　案例公司与吴长江关联企业之间的关联交易

关联交易（单位：千美元）	2009	2010	2011	2012
销售成品及材料	94		521	
购买原材料与产品	9325	6754	8073	6022
收取商标使用费	2249	3179	7729	2417
收取分销佣金	2406	4210	3864	1027
租金收入	401	118		
销售水电		56		
利息收入			259	523
与吴长江关联公司交易额	14475	14317	20446	9985
关联方交易总额	37560	36809	50192	29071
占比（%）	38.5	38.9	40.7	34.3

数据来源：根据雷士控股有限公司（HK2222）2010—2011年报数据整理。

从公司与关联企业资金往来看，其间“应收、应付款项”变化反映了资金相互占用情况。如表6-6和图6-4所示，2007—2012年关联应收款项（包括贸易应收款、其他应收款、应收票据与预付账款）总额及销售占比均呈上升趋势，而关联交易应付款项（包括应付款项、其他应付款与应付票据）总额及销售占比则呈下降趋势。“应收—应付”间差额占销售收入的

① 根据《香港联合交易所有限公司证券上市规则》中关于“关联人”的界定，与吴长江有关联关系的公司多达10多家，分布于雷士照明业务体系的各个环节，或为其提供原材料、部件，或为其贴牌生产、取得其商标授权、或为其经销产品。其中吴长江的岳母陈敏分别持有圣地爱司、重庆恩林和山东雷士40.93%、36.3%、48%的股份，其岳父吴宪明持有重庆恩维西49.67%的股份，长鑫五金为其表亲殷研拥有，香港无极照明及重庆雷士地产等由其妻子吴恋直接掌控。

比例呈明显上升趋势：有趣的是，该比例在 2010 年之前（上市前）小于零，而在 2010 年之后（上市后）大于零。它说明，公司上市前的关联交易更多体现“公司占用了关联方资金”，上市之后更多体现为“被关联方占用资金”，这可能意味着伴随着上市后股权比例的稀释，创始股东的利益输送行为在逐渐增加。最典型的是，根据公司 2012 年 8 月 14 日“股价敏感资料”公告披露，截至 2012 年 8 月 7 日，关联公司（圣地爱司、山东雷士、重庆恩维西等）分别有未偿付贸易应付款余额 1969.5 万元、4708 万元、2418.8 万元，其中重庆恩维西（吴长江岳父持股 49.67%）明确宣布无力偿还，所欠之款项由公司于当年全额计提减值准备。

表 6－6　　案例公司与关联公司之间的应收应付款　　单位：千美元

时间	应收关联方款项		应付关联方款项		二者差额占营业收入比（%）
	金额	占销售收入比（%）	金额	占销售收入比（%）	
2007	3460	2.66	10797	8.30	－5.6
2008	219	0.08	11573	4.51	－4.4
2009	7226	2.36	21153	6.92	－4.5
2010	4273	0.90	4543	0.96	－0.06
2011	16871	2.86	2945	0.50	2.3
2012	7679	1.36	4456	0.79	0.8

除此之外，创始股东直接获取私有收益还包括：将公司“总部”部分搬迁至重庆市南岸区，其关联企业（吴长江之妻吴恋掌控的香港无极照明）由此获得 2000 万元的政府补贴和一宗土地；从经销商处获得个人贷款投资于其关联公司，并以“由公司提供好处”的方式作为回报；通过在重庆万州设立生产基

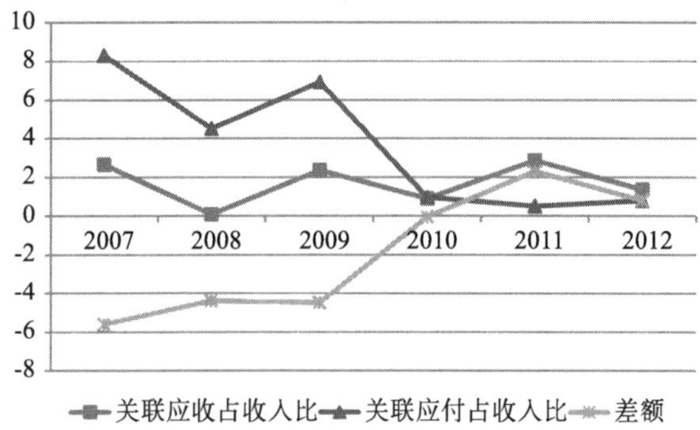

图 6－4　案例公司关联交易中的应收应付款项

地，为其关联公司“重庆雷士房地产开发有限公司”（吴长江通过其妻吴恋设立，吴恋持股 60%）创造发展房地产的优惠机会等等①。

6.3.2.5　控制权争夺的本质

在财务资本本位的治理结构中，公司民主只是体现资本民主，参与公司治理是财务资本所有者的专利，公司治理所关注的核心问题是如何确保财务资本所有者获得投资回报（Shleifer & Vishny，1997），人力资本、社会资本等股东资源价值并未在资源回报上得到正当体现。在这种情形下，依据股东资源优势获得超额控制的大股东，不可避免会实施寻租活动以获取其私利，大股东间的控制权争夺便应然而生，它给公司带来的负面影响将是公司发展过程之中不可避免的成本。

① 根据 2012 年 8 月 14 日雷士照明控股有限公司董事会披露的“股价敏感资料”整理。

6.3.3　控制权争夺的结果分析

6.3.3.1　产业股东的战略布局与专用资源投入

德豪润达对雷士照明的投资，并不仅仅是为了获取财务收益，而是为了打通整个 LED 产业链，据德豪润达高管称，公司拟把战略发展重心从上游芯片产能的增加转至下游品牌和渠道的建设①。这一战略的具体体现，一是通过收购雷士照明股权，德豪润达作为国内知名 LED 外延芯片厂商，拥有一流的设备和研发团队，此次股权联盟的建立旨在谋求 LED 照明产品推广上的合作，利用雷士照明完善的销售渠道、强大的经销商网络销售公司的 LED 照明产品，将德豪润达打造成为全球最优秀的 LED 企业；二是投资维美盛景股权②，控制其所用广告屏必须购买德豪锐拓（德豪润达子公司）的 LED 显示屏，以确保德豪国内 LED 显示屏龙头老大的位置。德豪润达的战略布局已取得初步成功，2013 年财报显示公司 LED 业务收入猛增 42.84%，达到 14.39 亿元。

德豪润达加入雷士照明，除了投入一定的财务资本之外，更投入技术、经营场所等专项性较强的非财务资源：①投入技术资源。合作中德豪润达投入了 LED 核心技术，德豪润达的强项是 LED 芯片研发，雷士照明的强项则是产品生产、封装、品牌与

① 中国 LED 网资讯，暂缓扩张 LED 芯片产能，德豪润达意在下游，http://www.cnledw.com/info/newsd etail -39269.html.

② 北京维美盛景广告有限公司成立于 2011 年 4 月 28 日，是美国纳斯达克上市公司航美传媒集团旗下公司，维美盛景与中国石化集团签订了战略合作协议，经营中石化旗下超过 3 万多座加油站的优质媒体资源。2013 年 5 月 14 日，德豪润达发布对外投资公告，称将以分期投资的方式，斥资 6.4 亿元，收购北京维美盛景广告有限公司 21.27% 的股权。瑞银证券对此发布研报称，本次交易的实质是“换取优质传媒平台的股权投资”。

渠道，两者的结合各取所长、互惠互利。②设立合资企业。2013年8月，雷士照明董事会批准了公司与德豪润达建立合资企业从事LED产品业务，合资公司投资总额约8000万元，其中德豪润达占51%股份。技术资源的投入以及合资企业的设立，这些都与单纯的财务资本的投入不同，技术资源一旦投入即意味着对合作伙伴公开技术信息，其退出或者合作失败都将意味着技术资源价值的贬损，而合资企业是合作形式中联盟关系最为密切的一种，合资双方的退出都受较大的约束。因此德豪必将采取一定的措施保护其资源回报的稳定可得，降低合作风险。

6.3.3.2 产业股东积极参与管理与治理

在本案例中，产业股东在公司中的“强势”可验证如下：①相比于财务投资者在公司董事会中所谋得的“非执行董事”席位，产业投资者中的世纪集团（股权代表：吴建豪）、施耐德（股权代表：朱海）、德豪润达（股权代表：王冬雷、王冬明、肖宇、熊杰）在加入公司后均担任公司执行董事或CEO等实职。以王冬雷先生为例，2012年12月进入公司并成为第一大股东后（持股比20.24%），随即担任董事长、战略规划委员会主席等要职。②在创始股东吴长江离任后，施耐德中国区总裁朱海提名其下属之一（李新宇）出任公司副总裁，分管公司最核心的商业照明工程及项目审批业务，同时提名另一下属（李瑞）分管公司海外业务拓展；且从2012年6月份开始，施耐德以“人治”管理向“法治”管理转型为由，对公司财务、生产控制等方面进行全面调查，且绕开公司全部的原副总裁。③2014年5月雷士照明董事会换届改选后，新增肖宇（来自德豪）与李伟担任非执行董事、王学先（德豪独立董事）与魏宏雄任独立董事，2015年5月穆宇（雷士）辞任执行董事，创始股东完全退出董事会，在7位非独立董事中，来自德豪或被王冬雷提名的股东占

4位，产业股东德豪的实际控制力进一步增强。

由表6－7可以看出，产业股东德豪润达对于公司治理与管理的态度比较“强势”，在控制权争夺期间，董事会的席位持续增加，已超出按照股权比例估算的理论席位数，超额席位达到44.39%，而财务股东软银赛富与高盛亚洲二者合计的超额席位确为负值（－9.88%），即相对于其按照持股比例而理应享有的投票权（名义控制权）来说，其实际的董事会席位数显然比较少，反映出其对公司内部治理与管理“保持距离型”的态度。

6.3.3.3 控制权争夺的能力与结果

创始股东吴长江与外部股东的两次控制权斗争原因是相同的，但是，外部股东采取的斗争方式却极不相同，进而斗争呈现不同的过程与结果。

①外部财务股东将保证公司的规范运营、确保盈利与风险控制作为最重要的治理目标，其斗争手段主要采取积极监督的方式，遵循契约精神、遵守董事会的决议。如斗争中，阎焱对于吴长江回归须提出三个条件：必须跟董事会和股东解释清楚被调查的事件、处理好上市公司监管规则下不允许的关联交易、必须严格遵守董事会决议，这些都是现代化公司治理制度所必然要求的规则。在财务投资者看来，只有改变以前家族企业草莽式的管理模式，接受现代企业管理制度，才是解决利益分配与发展模式矛盾的保证，对他们而言，参与管理并不是目的，转让股权、退出管理混乱的公司是常用手段。因此斗争手段比较温和，当矛盾激烈的时候，获胜的可能性就比较小。案例中，2013年4月，最终软银赛富投资人阎焱退出董事会，就证实了这一点。

②产业股东的斗争是为了达到自身战略发展与资源整合目的。王冬雷曾表示，德豪润达收购雷士照明股权的目的，就是

表 6－7 产业股东德豪润达的董事会超额席位

股东分类 / 超额控制 / 时间	董事会规模（扣除独立董事）①	创始股东：吴长江			产业股东：德豪润达			财务股东：软银与高盛		
		股权比例% ②	占有席位 ③	超额控制（④＝③/①－②）	股权比例% ⑤	占有席位 ⑥	超额控制（⑦＝⑥/①－⑤）	股权比例% ⑧	占有席位 ⑨	超额控制（⑩＝⑨/①－⑧）
2013 年 1 月（德豪王冬雷进入董事会）	5	9.39	1	0.106	20.24	1	－0.0024	23.95	2	0.1605
2013 年 4 月（赛富阎焱退出董事会）	4	9.39	1	0.156	20.24	1	0.0476	24.15	1	0.0085
2013 年 6 月（吴长江、王冬明进入董事会）	6	9.39	2	0.239	20.24	2	0.1309	24.15	1	－0.0748
2014 年 5 月（穆宇退出）	7	9.39	1	0.049	27.03	4	0.3011	24.17	1	－0.0988
2014 年 8 月（罢免吴长江）	8	9.39	1	0.031	27.03	5	0.3547	24.17	1	－0.1167
2015 年 2 月（王冬雷任董事长兼总裁）	7	9.39	0	－0.0939	27.03	5	0.4439	24.17	1	－0.0988

为了上下游整合和优势互补[①]。当创始股东谋取私利的行为损害公司整体利益时，或者影响产业股东的战略规划时，因其投入资源的专用性强、不易退出等特点，其参与斗争的决心与动机比较强烈，其斗争手段也比较强硬。本案例中，产业股东德豪润达发现创始股东吴长江进行违规担保，重庆雷士被银行强制划扣共计 5.49 亿元，重庆雷士 5385 万元存款也被司法冻结，这严重影响了 LED 照明业务相关的全部经营性资产和负债整合规划，导致德豪润达最终决定终止此次重组。对此，德豪润达发布公告，决定直接罢免吴长江全部职务，并直接接管其管理职务，甚至不惜动用法律、武力等一切手段来获得公司的控制权。最终斗争结果，创始股东吴长江的董事、CEO 职务被罢免，并因其谋取私利行为接受法律制裁，德豪润达最终获得雷士照明的控制权。这体现了产业股东坚决的斗争决心、强硬的斗争手段与强大的斗争实力，而这都受其背后资源属性的影响。

6.4　本章小结

融资风险及控制权争夺几乎是创始股东最为头疼也是最敏感的话题，其中，大股东关系是永远绕不开的议题。对创始股东而言，欲建立基于股东资源的大股东关系，并保证公司发展与价值可持续性增值，首当其冲是解决“合作伙伴”的选择问题。

应该看到的是，外部股东中的“财务投资者”与“产业投资者”有着本质差异。前者主要投入流动性较强的通用性资源，

① 2013 年雷士照明采购德豪润达的芯片只占到雷士照明总量的 6%，2015 年雷士照明九成的芯片采用德豪润达的产品。

而后者不仅提供财务资源还提供专用性资源，这决定了他们不同的投资目的、风险控制手段以及在公司治理与管理中不同的行为方式。财务投资者在公司中倾向于扮演公司治理规则的制定者、监督者、已投股份的“套利者”等多层角色，而产业投资者则往往扮演着公司战略的规划者、战略执行的评价者以及潜在的产业整合者等另类角色。相比较而言，创始股东与财务投资者间的资源互补方式更简单、目标更纯粹，与产业投资者的联盟关系则可能相反：资源互补性要求更高、股东各方目标更多元、合作风险更大、成功机率更低（如法国达能集团与娃哈哈集团、光明乳业等之间的不成功“联姻”）。原因就在于：产业投资者除投入财务资本外还可能提供诸如行业管理经验、生产技术、营销渠道等战略性资源，在其股东资源占优时，它们极有可能基于战略需要，借产业投资之名而行产业整合之实，深度介入被公司实际运作，从而表现得更“积极主动”、更具“侵略性”。

本章基于资源基础观与资源依赖理论，对雷士照明公司创始股东与外部财务投资者之间、创始股东与外部产业股东之间的两次控制权争夺进行分析，重点研究了控制权争夺发生的本质原因与争夺后果，通过研究发现：（1）大股东（创始股东与外部股东）基于各自资源禀赋而聚合于公司，具有“人以群分、物以类聚”的群体属性。资源投入与资源回报间的不对等性，是引致大股东间矛盾的主要根源，尤其当具有资源优势的大股东取得与其“持股比”（名义控制权）不相称的实际控制权时，权力的寻租动机极有可能变为寻租事实，从而导致大股东间的公司控制权争夺。公司治理在很大程度上是在这种控制权争夺过程中得以调整和逐步完善的。（2）在控制权争夺过程中，财务股东与产业股东表现出不同的斗争目的、方式与斗争结果。这是因为二者投入的资源属性不同。投入通用资源的财务股东可以通过退出来控制自身投资风险，因此斗争手段比较温和；而投入专用性资源的外部产业股东，因其资源的不易退出，一旦创始股东出现损害公司利益的谋取私利行为时，其斗争态度更坚决、手段更强硬。从二次斗争的结果来看，总的来说对创始股东而言，产业投资者比财务投资者更难合作，对创始股东公司控制权的威胁更大。

企业在发展过程中不断地进行外部融资已成不可避免的趋势，如何合理地选择外部股东、形成公司的股权结构、构建高效内部治理机制，以保证投资者的利益与股东关系的和谐，是影响公司能否得以顺利成长的关键因素，本章的研究，对此有较大的借鉴意义。研究结论提示我们，控制权争夺与其说是对公司权力配置的重新矫正、修复，不如说是推动公司治理动态演变的核心助力，正如 Zingales（2000）所言，公司治理体系的首要任务是保证捕捉机会的能力和因其能力所获得报酬之间取得一致，如果不能达到这个要求，终究会导致“治理架空（governance overhang）”。此外，公司治理问题的起点不应仅发生在融资活动之后，在融资行为发生之前，企业在选择外部投资者之时，尤其是选择“财务股东”或“产业股东”时，创始股东不应仅将融资活动定位于资本的融合，应当具备资源分析的全面观点，立足于自身资源的特征与资源需求，并考虑投资者不同的资源禀赋、价值取向与目标要求等等，考虑其可能对公司治理、管理与战略发展所带来的影响，只有这样才有可能实现其联盟与共生，才有可能保证投资者关系的和谐与公司治理结构的相对稳定。

第7章 股东资源、股东结构与公司治理效率

在第6章中，通过对雷士照明的创始股东与外部股东控制权争夺的案例分析，揭示了股东非财务资源在公司控制权分配中的重要作用：股东的控制权并不完全取决于财务资本的投入比例，非财务资源的占有和投入对股东控制权的形成影响作用更大；不同资源背景的投资者，其参与公司治理的动机与能力存在差异，在公司治理中的角色也不尽相同。单案例研究虽然能够为验证这一结论提供更加详细、具体、生动的证据，但毕竟来自一家公司的结论并不具备形成普适理论的充分性。因此本章基于交易成本理论与资源依赖理论，分析不同类型股东不同的公司治理表现的深层次原因，并采用我国创业板上市公司上市前后的大样本数据，对股东资源、股东角色与公司治理之间的关系进行深入探索。

创业公司在创业初期大多采用家族式的经营模式，但随着创业公司不断地引入外部股东，公司的治理模式也逐渐从家族“独裁”式治理向两权分离的现代公司治理机制转变（唐睿明，2012）。股东人数逐渐增加，股东大会与董事会逐步建立起来，各类外部股东通过提名董事进入董事会或者任命管理层人选等方式，参与公司治理，公司的战略决策与经营管理也受到外部股东的影响。如何建立一个完善、稳定的公司治理结构，保证各类股东的治理参与权、决策权与收益权合理行使，并协调各股东之间的矛盾，成为创业公司无法回避的难题。

公司治理是指在两权分离状态下致力于解决代理问题的机制的总称（郑志刚，2004；2010），它具体表现为公司控制权或收益权配置的有关制度安排，治理机制决定谁在什么状态下实施对公司的控制权以及如何控制、相关的风险和收益如何在利益相关方之间分配的一系列问题（Blair，1995）。投入资源的各方，出于对其资源价值与资源租金最大化的目的，必然参与公司的治理活动，以保证其在资源使用决策与收益分配决策中具有一定的话语权。在这一过程中，不同资源背景的股东表现出的参与“动机”与参与“能力”是不一样的。本章基于交易成本理论与资源依赖理论从“参与动机”与“参与能力”两个方面对股东资源和股东治理行为的影响作用进行更细致的分析。

7.1　股东资源结构是公司治理结构的基础

7.1.1　公司治理设计不仅存在于融资活动之后

在公司治理研究中，对股权结构与公司治理效果的分析一般采用委托—代理理论以及控制权理论。如 Williamson（1988）、Hart 和 Moore（1990）等学者认为公司的资本结构会通过对经理层的代理行为产生影响，进而影响公司的治理结构与市场价值的创造。控制权理论认为，不同的外部融资工具对控制权的影响是不一样的，股东因持有股票而拥有公司重大事项的投票权，而债务合约的核心是控制权转移（Hart，1995），债权人可能因公司破产清算或者债权附加条款而拥有控制权。这两种融资工具对资本结构、公司治理产生的影响是不一样的。不同比例的股权和债权，自然会形成不同的公司资本结构和控制权结构，以及导致不同的公司治理效率。因此，公司治理问题不仅存在于融资结束之后，而是在融资阶段或之前，即应该清楚不同融资方式、融资对象所形成的不同的资本结构与股权结构可能带来的治理效果不同，进而在事前对融资活动做出合理规划。比如 Hart（1995）认为，解决代理问题的关键在于设计一个能够限制经理人为获取私人利益而损害公司利益行为的融资结构，而不仅仅是事后对经理人进行股权激励或者控制权的赋予。因此，股东的选择、股权结构的形成，都将直接影响公司治理结构与治理机制的最终形成。

然而，传统的公司治理研究却很少关注股权结构形成之前的问题，Shleifer 和 Vishny（1997）在他们的经典综述文章中曾说，公司治理就是保障投资者按时收回投资并获得合理回报的各种方法的总称，Williamson（1985；1975）也指出公司治理是“针对事后产生的准租金分配约束机制的总和。这些观点与相关研究都将重点置于企业的融资活动与股权结构形成之后。事实上，公司首先必须通过产权安排向投资者提供投资激励以解决合约不完全的问题，投资者才愿意将资金的所有权与使用权相分离，将资金投入公司，在这一基础之上才进一步有治理机制设计等问题的出现（郑志刚，2010）。在实践中，任何一个创业企业在做股权融资决策时，不能不考虑随资本投入而进入公司的新股东对未来公司治理的影响。

7.1.2　股东资源结构与公司治理

一直以来，研究者们沿用产权理论学派的观点，以“产权结构”作为治理结构，企业控制权配置以产权结构为基础，也即股东对公司的控制权以股东的持股比例为分配基础（杨其静，2001）。公司治理的研究内容与研究方法也体现这一思路[①]，然而，这一逻辑却不能完美刻画现实世界的经济现象。Rajan 和 Zingales（1998）对上述逻辑进行了修正，他们指出，资源是权力的来源，拥有任何关键性资源都可以获取相应权力，这样的关键性资源并不仅限于财务资本，也可以是良好的顾客关系、好的创意、新的方法等。现实中，我们也发现有很多公司的实际控制人往往持有公司较少的股份，而持有较多股份的投资者也并不一定在公司治理中扮演重要角色，典型的案例如阿里巴巴的合伙人制度[②]。创业企业在决定是否引入以及选择外部股东类型时，应该考虑股东的全面特征，而不是仅考虑其投入财务资本的多寡。不

① 比如当研究大股东治理作用时，大量的文献采用大股东持股比例、持股比例的赫芬达尔指数、Z 指数等指标来反映股权集中度与股权制衡度，以反映股东对公司的控制权或者控制权的制衡情况。

② 阿里巴巴的创始人团队以较低的持股比例拥有企业较高的实际控制权。创始人兼董事局主席马云持股比例仅为 8.9%，联合创始人蔡崇信持股比例仅为 3.6%，且 CEO 陆兆禧、COO 张勇等高管的持股比例均未超过 1%。上市前的 4 人董事会中，掌握核心技术的创始人团队占据两个席位，而其合计持股高达 57% 的前两大股东（日本软银集团，持股 34.4%；雅虎，持股 22.5%）仅各占 1 个席位。公司上市后，董事会规模变为 9 个席位，其中管理“合伙人”团队占 5 席，重大人事任命要经以执行董事为主的“合伙人委员会”提名，经董事会半数以上通过方可生效。

同的股东性质对公司绩效产生的影响不同，其中的根本原因可能在于其公司治理行为存在一定差异（南开大学公司治理评价课题组，2010）。因此，股东对公司治理的参与动机与参与能力的差异性，是创业企业选择外部股东时最应该重点考虑的因素，而这二者又都受股东资源特征的影响。资源背景应该成为创业企业融资时选择外部股东的一个重要因素。

7.2 理论基础

7.2.1 资源依赖理论：提供重要资源的股东获取较大控制权

资源依赖理论认为组织之间关系的建立是因为企业面临资源获取的不确定性（Gulati，2007；Eisenhardt & Schoonhoven，1996；Pfeffer & Salancik，1978）。企业通过与环境之间的资源互换获取外部资源并降低对外部环境的依赖性，而能够控制其他组织所依赖的资源会给组织带来权力（Pfeffer & Salancik，1978），这意味着组织间的权力与一个组织对另一个组织的依赖程度负相关（马迎贤，2005）。在资源交换关系中占有重要资源的组织容易占据重要地位，并有较大可能取得竞争的成功（GaLaskiewicz，1979；Laumann & Knoke，1987）。

创始股东通过接受外部财务股东的投资获取财务资本，除此之外，新企业也需要通过与其他企业组建股权关系获得生产与销售产品的特定互补资源——例如产品销售渠道、专利使用权、新知识以及高效的生产车间等（任旭和刘延平，2009）。在创业企业内部，公司的所有权结构产生于不同的股东投入资源的结构。不同资源的提供者在企业中的地位差异，同样取决于资源的相互依赖性（罗福凯，2009）。提供相对比较重要资源的股东，借助其他股东与企业对其资源的依赖，在控制权分配中拥有较大的话语权，在股东群体中占有支配地位。同样，股东所投入资源的重要性与稀缺程度，影响其在公司治理中的实际控制权，也影响其对公司治理的“参与能力”。

7.2.2　交易成本理论：专项性资源投入者的治理动机较强

资产专用性是指“在不牺牲生产价值的条件下，资产可用于不同用途和由不同使用者利用的程度”（Williamson，1985；1991）。专用资产是有特定用途的资产，而通用资产不用做太多改变就可以用于其他用途（Teece，1986）。资产的专用性通常与“沉没成本”的概念相联系（袁庆明和刘洋，2004）。外部投资者所投入的市场资源、生产（特定产品的）资源、技术资源等非财务资源一般都属于专项性比较强的互补类资源。例如，一些硬件产品可能需要开发专门的软件，生产硬件的企业接受软件企业的投资，同时通过签订技术协议、共同开发或建立合资企业的形式，利用软件企业的技术资源。而软件企业专门为了这个硬件生产厂商开发的一系列技术成果，就属于专项性较强的资产，它一旦公布给被投资企业，就不太容易撤回，或者撤回后的价值大大受损。通用资源可以比较方便地转移或改变用途，投入通用资源的外部投资者可以比较方便地撤回投资，撤回投资后的价值受损也不会太大。

契约双方中投入专用资产的一方，会因为另一方提前终止交易等采取机会主义行为而蒙受损失。双方可以采取契约或组织的保障来限制交易双方的机会主义行为，降低交易成本，这就是下游企业间纵向一体化的内在动因。结合创业企业的融资活动，如果外部股东投入资产专用性较强，建立了专用性投资关系，则创业企业中止联盟或破产停业会给投资企业带来很大的损失。因此，投资公司就会不情愿采取那些没有过多的条款、惩罚措施以及监督机制的公平合理的市场交易形式（Williamson，1991；1985），也就是说，创业企业并不容易从市场上获得这些专项资源。而且，能够提供专用互补资源的股东毕竟是少数，因为大多数这样的资产都有很强的路径依赖性（Teece et al.，1997）。因此，创业股东获取专用性较强的资源的一个有效途径就是接受其他企业的股权投资（Tirole & Aghion，1994），股权投资的交易模式也促进成熟企业投出更多专有资产投资（Hart & Moore，1990；Grossman & Hart，1986）。相对应的是，创业企业从市场中获取一般性互补资源的交易成本比较低，因为即便是投资关系破裂，这些资产的价值也并不会减损，资产所有者比较愿意通过签订限制性条款的形式将资源提供给创业企业（Rothaermel & Hill，2005；Williamson，1985；1991）。

创业企业的外部互补性资源（Specialized complementary assets）的专用性并不相同（Das & Teng，2000），投入专项性资源的股东的风险要远远大于通用性资源的股东，则此类股东必然要求参与创业企业的管理与治理，以确保资产的组合与使用等决策符合自身利益，尽量降低风险。而投入通用性资产的股东可以通过撤回投资的形式退出经营失败或不满意的被投资企业，因此不太担心企业的经营管理，参与公司和治理的动机也就比较弱一些。所以说，资产的专项性特征是影响股东公司和治理“参与动机”重要因素。

7.3　研究假设

7.3.1　股东资源与股东的公司治理行为

（1）治理动机。创业公司的外部股东大致分为产业股东和财务股东两种类型，这两类股东投入资源具有显著的不同特征，进而影响其不同的公司治理表现。财务资本属于通用资源，而非财务资源一般具有一定专用性，二者在以下方面存在差异：①价值独立性。财务资源变现性极强且变现风险较小，其价值相对独立于其他资产。与财务资源不同，非财务资源价值的实现需要与其他资源相结合，比如企业创新成果必须通过生产与市场等环节才能实现其商业化价值，股东的管理资源也必须结合一定的经营环境、有一定的用武之地才能体现其价值，而其他有形的机器设备等也必须经过变现环节才能实现其财物价值，且存在一定的变现风险。②资产流动性。通用资源流动性强、转换用途比较方便，股东可以在公开交易的市场中转让股份，而撤回所投入的财务资本，借此离开那些治理与管理效果不满意的公司。

因此，财务股东对于公司治理与管理的参与动机并不强，主要通过事前设计各种合同（如对赌协议、红利要求等）来限制企业控股股东的行为，以保证他们的收益权利，属于“保持距离型”投资者（葛永盛、张鹏程，2013）。而社会资本、管理资源、技术资源与市场资源等非财务资源的投入，往往体现了投融资双方一定的战略发展与整合目的。此类资源的专用性较强，资源一旦投入便不宜撤出与改变用途，或者退出之后其价值大打折扣，投入此类资源的产业股东需要密切的内部监督，以避免创业企业的机会主义行为，如派驻董事参与公司决策，甚至直接派人担任被投资企业的财务、市场、人事等职务，以保护其在未来经营过程中拥有控制权，因此产业投资者具备较高的治理动机，在公司内部治理中参与积极性较高。

（2）参与机会。财务资源与非财务资源除了在资产专项性方面存在差异之外，还有如下不同点：①可交易性。财务资源的可交易性强于非财务资源，非财务资源不容易通过市场获得。在资本市场比较发达的情况下，财务资源可以通过各种有价证券的发行与交易获得。而非财务资源大多没有固定的实物形态，不容易通过市场交易获取，一是因为非财务资源交易的市场条件不尽成熟，其市场价格的形成缺乏可比性同类资产，且交易双方对资产质量存在信息的不对称性。比如，出于资源侵占风险与产权保护的考虑，技术资源的拥有方一般不会过多公布其创新成果的详细信息（Dushnitsky，2006）；二是市场合约不利于避免资产专用性所隐藏的机会主义侵害风险。②累积性。财务资源因其同质性，其积累一般不需要企业花费太长时间，可以通过资本市场的各种融资工具或接受外部投资而获得。而非财务资源积累却需要很长的时间，需要企业通过长时间悉心培育、积累和维护而获得，由于时间和成本的限制，创业企业自身发展专用型资产不太可行（Tirole & Aghion，1994）。比如技术资源可能需要较长时间的研发投入，而且在开发的过程中存在较大的失败风险；市场网络、社会资本的积累都需要较长的时间。以上两点说明非财务资源相比财务资本来说，更加不容易获得。③主体分割性。财务资本的所有权与使用权在一定条件下（如利息、股利等预期回报率满足投资者预期）容易分离，而非财务资源却不易与其所有者相分离（周其仁，1996）。如股东的社会资本是属于股东个人的资源，或者说其社会关系中的资源只能被股东本人所用，比如雷士照明案例中，雷士照明公司在全国各地的三千多家经销商与创始人吴长江存在非同一般的情感连带，在三次控制权争夺过程中都对其提供极大帮助，甚至不惜倒戈转卖其他产品，要挟董事会要求吴长江重返公司。其他更多无形的非财务资源，尤其是管理经验、研发能力等人力资源也同样不能与主体完全分割。也就是说，非财务资源的股东可以通过“退出威胁”获得公司控制权，干预公司资产使用决策（Zahra etal.，2009；King etal.，2011）。④边际收益。财务资本的边际收益符合递减的规律，一方面规模越大的公司其融资能力越强，财务资本稀缺性下降；另一方面，随着企业规模的扩大，财务资本的单位获利能力也随之摊薄。而商誉资源、人力资源、技术资源和企业文化等非财务资源却能被同一个企业多次使用，为企业带来持久的效益，其价值不但不会减少还可能会增值，即出现边际效益递增的现象（陆淳鸿，2007）。比如，股东社会资本的形成需要长时间的培养，短时间内是不可替代的，当然社会资本也不能由市场交易获得，而且社会资本不常使用则会造成其价值的消减和衰亡，越使用反而越具价值（周小虎，2005）。由于主体不可分割、边际收益递增等特征，非财务资源对于创业股东来说更加重要、其价值也更大。

综上，根据资源依赖理论，投入重要的、不容易获得的、价值高的非财务资源的产业类股东能够在公司管理与治理中获得比较大的实际控制权，为其积极参与公司治理提供了“可能性”与“机会”。根据以上分析，本书提出以下假设：

假设1-a：产业股东比较积极参与公司治理。

假设1-b：与财务股东相比，产业股东的公司治理参与程度更高。

7.3.2 外部股东类型与董事会行为

董事会是整个公司治理的核心，董事会主要以召开会议作为董事行使权力与开展工作的核心形式（Sonnenfeld，2002；马连福和石晓飞，2014），董事会的会议次数是反映董事会行为特征和活跃程度的重要变量（伊志宏等，2011；薛有志等，2010），会议次数越多，表明董事活动越积极（吴晓晖、娄景辉，2008）。现有文献对于董事会会议次数的研究，集中于其影响因素与经济后果两个方面（谢永珍等，2015）。关于影响因素，有学者从公司业绩、独立董事比例、委员会个数、董事性别、董事激励等方面进行分析，如 Vafeas（1999），宋增基等（2008）等等。而基于股东资源角度，研究股东类别与股东群体构成的多样化对董事会会议频率影响的研究，还没有相应的文献与实证证据支持。

根据以上分析，外部财务股东的投资目的比较单纯，仅要求一定的投资回报，与创业股东的治理冲突不大，在公司治理中扮演监督与参谋的角色，对于控制权的要求不高。创业企业接受财务股东投资的目的是为了获取财务资本和有益建议（Cox et al.，2014）。因此，创始股东与财务股东构成的治理结构中，比较常见的情形是，虽然创始股东的持股比例下降，但创业团队仍然占据公司管理层的大多数位置、创始股东仍然控制公司的决策权，公司的决策仍然由创业团队为主。而产业股东与创业企业建立股权关系的目的大都是为了获取经营性资源（Park & Steensma，2012；Dushnitsky & Lenox，2006）与战略整合收益（孙健和白全民，2010），对于公司管理与治理的参与积极性较高（Maula et al.，2005），创业公司的战略制定与执行都将受到一定程度的影响，创业企业跟产业投资者之间的关系并不总是安全健康的，而是存在一种“紧张关系”，双方可能在战略选择上存在分歧，进而产生摩擦与冲突，公司内部的决策过程也呈现复杂的状态，具体可能体现为董事会会议次数的增加。因此，我们提出以下假设：

假设 2 – a：产业股东的引入增加了董事会会议的频率。

假设 2 – b：股东类型越多与资源结构越复杂的公司，董事会会议频率越高。

7.4　研究设计

7.4.1　数据与样本

本章以中国创业板 2012 年以前上市的 355 家上市公司上市前股权结构为研究对象，采用单因素方差分析与多元回归等方法，对以上假设进行检验。（1）股东持股数据。本书股东分类办法同第 4 章与第 5 章。其中各类股东的持股比例合并包括股东本人（个人或公司）、家庭成员、一致行动人的持股总和，尽量保证其持股比例能够真实地反映财务资本的法定控制权。上市前数据来自于对招股说明书的手工整理。（2）公司治理参与程度的数据：本书采用各类股东在董事会中的实际席位来衡量股东对公司治理的参与程度，数据来自于对公司年报中“持股比例超过 5% 的股东”、“主要发起人”与“董事背景介绍”等相关资料的手工整理。（3）公司年龄、财务绩效等其他数据均来自于国泰安数据库。为消除极端值的影响，对所有连续变量进行了 1% 水平的 Winsorize 处理。

7.4.2 研究设计与变量释义

7.4.2.1 股东公司治理参与程度的差异：描述性统计与方差检验

Villalonga 和 Amit（2009）在对美国家族企业的研究中指出，控股股东在董事会中派出超出持股比例的股东代表是提高其实际控制权的重要手段，本书借鉴 Villalonga 和 Amit（2009）、陈德球等（2011，2013）的做法，设计各类股东在董事会的超额席位（ES：excess seats of shareholder）这一指标来描述上市公司各类股东对董事会的实际控制程度，用以反映其公司治理的参与积极性与参与程度。

$$\text{股东董事超额席位（ES）} = \frac{\text{股东董事的实际席位数} - \text{股东董事的理论席位数}}{\text{董事会规模} - \text{独立董事人数}} \quad (7-1)$$

或者：

$$\text{股东董事超额席位（ES）} = \text{大股东实际席位比例} - \text{大股东持股比例} \quad (7-2)$$

其中，股东董事指股东提名派驻董事会的代理人[①]，其理论席位数 = 股东持股比例 ×（董事会规模 - 独立董事人数），股东董事实际席位 = 股东董事人数/（董事会总人数 - 独立董事人数）。例如，根据安徽安利合成革股份有限公司（300218，简称安利股份）招股说明书披露其董事会共 12 人，其中独立董事 4 人，其余 8 名非独立董事分别由：创始股东（安利投资，持股比

① 大股东有派出其代理人进驻董事会的天然激励（王斌等，2015）。原因在于：(1) 相对于大股东在股东大会上的行权，董事会运作机制的比较优势，为大股东行权带来了极大的便利。(2) 大股东依其“持股比”而派出“同比例”董事在法理上具有正当性、合法性。因此，股东将“行权之手”伸向董事会，围绕董事会席位安排所展开的股东权力之争，几乎是公司控制权争夺的焦点。

例30%）派出4人，其财务股东（主要有香港敏丰持股比例24%、香港劲达持股20%与中国信达持股2%）派出董事3人①，产业股东（合肥工业持股比例20%，安徽怀化股份公司持股比例2%）派出非独立董事1人。根据以上公式可计算出，三类股东的实际席位比例分别是：创始股东实际席位比例=4/8=50%，财务股东=3/8=37.5%，产业股东=1/8=12.5%；再分别减去各自持股比例，得出超额席位比：创始股东超额席位比=50%－30%=20%；财务股东超额席位比=37.5%－46%=－8.5%；产业股东超额席位比=12.5%－22%=－9.5%。可以看出，创始股东仍然占据董事会大多数席位，在公司治理中占主导地位，而财务股东与产业股东的董事会控制权都未达到其控股权比例。

本书将对创业板上市公司的三类股东在公开上市以前的持股比例与董事会席位占有等数据进行描述性统计并进行方差检验，以观察其公司治理行为的差异。

7.4.2.2　董事会行为：多元回归分析

因变量：董事会会议次数（meeting）。在上市公司中董事会是公司治理的核心，掌握着企业的决策大权，董事会会议是董事会发挥职能的重要途径（马连福、石晓飞，2014）。为检验以上假设2，本书参考Vafeas（1999）以及马连福（2014）的研究，设计以下模型（7－3），将董事会会议次数作为因变量，以股东类别、公司业绩、股权性质、资产结构等作为自变量，检验不同

① 创始股东安利投资派出非独立股东董事有姚和平、王义峰、杨滁光、陈茂祥4人；根据招股说明书中有关主要股东的介绍，因为香港劲达与敏丰主营业务为投资与贸易，并未向安利股份提供除资金之外的其他资源，所以将其定位为财务股东（《安徽安利合成革股份有限公司首次公开发行股票并在创业板上市招股意向书书》P77）。财务股东共派出非独立董事3人，其中香港敏丰派出周思敏、霍绍汾，香港劲达派出陈炯文；产业股东派出董事孙凯一人。

股东类别以及股东结构对于董事会次数的影响，以验证不同股东类别基于资源背景对公司治理的不同影响。

$$Meeting = \beta_0 + \beta_1 ifind/iffinance/ShareH + \beta_3 Nature + \chi_4 FFF + \beta_5 idr + \beta_6 Tang + \beta_7 M_{index} + \beta_7 age + \beta_8 size + \beta_9 dta + \gamma Year + \lambda ind + \varepsilon \qquad (7-3)$$

以下介绍主要自变量：股东结构，其他变量释义参见表7-1。

①是否存在产业股东（Ifind）：预计产业股东的存在，对于公司治理与公司战略决策产生影响，董事会会议次数会相应增加。②财务股东（Iffinance）：财务股东的投资目的比较单一，一般不会干涉公司战略决策，预计对于董事会会议次数不会有显著影响。③股东类别多样性（ShareH）：首先基于资源背景，将公司前十大股东进行分类，根据各类股东的人数所占比例计算股东结构的赫芬达尔指数，即 $ShareH = 1 - \sum_{i=1}^{n}\left(\frac{n_i}{N}\right)^2$；其中 n_i 指某类股东的人数，N 代表前十大股东中可以确定资源类别的股东总人数，ShareH 越大，说明股东类别越多，其股东结构也越分散，股东资源也越多样化。预计股东结构越复杂、资源结构越多样化，公司董事会会议次数越多。

表 7-1　　股东结构与公司治理主要变量释义

变量类型	变量名称	变量说明
被解释变量	Meeting	董事会会议次数
解释变量	Ifind	上市前十大股东是否有产业股东
	Iffinance	上市前十大股东中是否有财务股东
	ShareH	股东构成多样化，按照各类大股东人数计算的赫芬达尔指数
	FFF	创业股东及其家庭成员与一致行动人的资本投入总额

续表

变量类型	变量名称	变量说明
控制变量	Nature	公司实际控制人的股权性质，1 为国有，0 为民营
	Age	公司年龄，自公司成立到上市天数的自然对数
	Idr	独立董事比例
	Tang	有形资产占公司总资产的比率
	ROE	净资产收益率 = 净利润/平均净资产（滞后一期）[①]
	M_ index	地区市场化指数[②]
	Size	资产规模，期末资产总额的自然对数
	DTA	资产负债率 = 期末负债总额/期末资产总额
	IND	行业哑变量，参照《上市公司行业分类指引（2012）》下的一级分类
	Year	年度哑变量，2006—2008 年

控制变量：①股权性质（Nature）：公司实际控制人的股权性质。②创始股东持股比例（FFF）：指创始股东及其一致行动人与家庭成员的持股比例之和，代表创始股东的公司治理权利。③为了控制公司的经营特征与行业环境，模型中加入净资产收益率（ROE）、有形资产比率（Tang）与地区市场化水平指数（M_ index）等变量。④为了能够更准确地检验董事会会议频率的影响因素，本书还控制了公司年龄（Age）、公司规模（Size）、财务风险（dta）等因素。最后，模型设置了年度与行业哑变量以控制其他对公司董事会可能的影响。

① 根据 Vafeas（1999）、马连福（2014）、宋增基等（2008）的研究，发现公司业绩是董事会会议频率的重要影响因素，尤其前期业绩不好会增加董事会会议系数，董事会行为是一种事后的“灭火装置”。因此本书模型中的 ROE 滞后一期，控制前期业绩对董事会行为的影响。

② 根据樊纲、王小鲁与朱恒鹏《中国市场化指数——各省区市场化相对进程 2011 年报告》以及相关报告数据整理。

7.5 股东结构与董事会席位

在355家公司中，有53家公司（约占15%）不存在本书定义的外部股东，约有22%的公司存在产业投资者，有65%的公司存在财务股东。可以看出，大多创业公司发展到一定阶段逐渐引入外部股东，股权结构比较复杂。表7-2列示了公司前十大股东中，按照资源类别进行划分的三类股东的持股比例与人数构成。

表7-2　创业板上市公司股东结构

股东类别	持股比例（%）			股东个数		
	Mean	Min	Max	Mean	Min	Max
创业股东	60.41	12.02	100	2.41	1	10
产业股东	9.72	0	51.75	1.11	0	6
财务股东	11.2	0	80.46	1.62	0	9

可以看出，创业板上市公司的创业股东在上市时的持股比例仍然较高，达到60.41%。产业股东与财务股东持股比例偏低，这是根据全部样本统计的结果（包括那些不存在这类股东的公司）。本书计算大股东人数的赫芬达尔指数ShareH，来反映大股东全体的构成与股东类别的多样化程度，也可以一定程度上表示股东资源的多元性。ShareH的值越大，股东结构越多元化，其均值为0.4365，最大值为0.66，最小值为0（即股东全部由创业股东构成）。

表 7－3　　股东类别与董事会席位

股东类别	非独立董事人数			超额席位 ES（%）		
	Mean	Min	Max	Mean	Min	Max
创业股东	3.5183	1	7	6.1178	－65.66	73.69
产业股东	0.6056	0	4	2.011	－27.13	40.91
财务股东	0.66197	0	5	0.732964	－59.64	68.38

表 7－3 统计了各类股东的非独立董事人数与董事会超额席位，主要根据董事简历、董事提名选任等资料整理。可以看出，创业股东在董事会中的董事人数较多，超额席位达 6% 多，这符合实际情况，创业团队在创业企业的董事会中仍然占据重要地位，随着时间推移与外部股东的进入，这一指标将逐渐降低。但同时股东的持股比例也在逐渐稀释，创业股东对公司的控制权依然超出其实际股权份额，体现为董事会席位的占有超出按照“投票权”计算的理论值，即超额席位大于 0。同时可以看出，产业股东超额席位大于 0，假设 1－a 得到证据支持，即产业股东虽然平均持股比例较低，但公司治理的参与比较积极。在前十大股东中的创业股东、产业股东与财务股东，其超额席位比均大于 0，这是因为只有大股东才有机会派出自己的董事，而分散于其他自然人与社会公众等中小股东的股份往往并不能在董事会实现其投票权，全体股东的投票权由能够参与董事会活动的少数大股东瓜分，导致大股东的实际控制权大于其持股比例。

从均值来看，创业股东的超额席位比（ES1）最高，反映出创业股东的控制权与投票权有较大的分离，在很长一段时间内公司的管理与治理都将由创业团队主导，创业股东存在攫取私有收益的动机，这一问题，本书已在第 6 章的案例分析中讨论过。本部分重点分析产业股东与财务股东超额席位的差异，以下采用方差分析，来检验 ES2（产业股东超额席位）是否大于 ES3，检验结果如表 7 -4 所示。

表 7 -4　　产业股东与财务股东超额席位的方差检验

变量	样本	均值（%）	标准误	标准差	[95% Conf.	Interval]
ES2	355	2.01149	0.51912	9.78102	0.9905	3.032
ES3	355	0.7329	0.61017	11.4965	-0.467	1.9329
差异 Diff = ES2 - ES3	355	1.2785	0.8148	15.3535	-0.4860	2.8811
H0：mean（diff）>0				Pr（T > t）= 0.058		

方差分析（Analysis of Variance，简称 ANOVA）主要用于两个及两个以上样本均值差别的显著性检验，又称“变异数分析”或“F 检验”。本检验原假设为 ES2 - ES3 >0，检验结果显示 P = 0.058（<10%，即可以保证在不超过 10% 的水平上拒绝原假设），假设 1 - b 得到验证，即产业股东的超额席位显著多于财务股东超额席位，与财务股东相比，产业股东参与公司治理的积极性更高、参与程度更强。

在按照是否存在产业股东对样本进行分类之后，发现存在产业股东的公司，其财务股东的超额席位则下降为负值 -0.396（显著性 0.0266），这也充分说明了产业股东参与董事会的积极性超越财务股东，二者同时存在时财务股东的董事会席位受其影响而可能减少，参见表 7 -5。

表 7 -5　　产业股东与股东超额席位的影响

超额席位（%）	IFind = 0	Ifind = 1	F	Prob
创业股东 ES1	4.36	7.2	1.5	0.22
产业股东 ES2	0	3.41	10.78	0.000
财务股东 ES3	2.34	-0.396	4.96	0.0266

7.6　股东结构与董事会会议

7.6.1　描述性统计

表 7 - 6 对模型 7 - 1 的主要变量进行简单描述分析，可以看出有 22% 的公司存在产业股东，而 70% 的公司存在财务股东，董事会的会议次数在 2 - 17 次之间，均值为 7.7 次。而分别按照是否存在产业股东与是否存在财务股东对样本进行分类之后，发现存在产业股东的子样本中，董事会议次数为 8.024 次，而不存在产业股东的子样本董事会会议次数为 7.32，二者存在显著的差异，显著性为 1%（P = 0.010）。而是否存在财务股东则未对董事会会议系数有显著影响（P = 0.465）。另外，将是否存在产业股东的两个子样本的其他变量相对比，还可观察到，存在产业股东的公司股东类别更多样化、国有产权的概率较大一些、处在市场化稍差地区的可能性大、净资产盈利水平稍低一些、公司规模更大一些。而是否存在财务股东的两个子样本的变量相对比，除了存在财务股东的公司股东更加多元化、创业股东持股比例更低、独立董事比例更多之外，其他变量，尤其是董事会会议次数并没有显著差异（P = 0.465）。

表 7-6 股东结构与董事会会议主要变量描述性统计

变量名		全部样本			是否存在产业股东			是否存在财务股东		
		均值	最小值	最大值	均值 Ifind = 1	均值 Ifind = 0	Prob	均值 Iffinance = 1	均值 Iffinance1 = 0	Prob
Meeting	355	7. 735	2	17	8. 024	7. 322	0. 010	7. 671	7. 887	0. 465
Ifind	355	0. 221	0	1	1	0	——	0. 27	0. 15	0. 027
Iffinance	355	0. 701	0	1	0. 746	0. 637	0. 027	1	0	——
ShareH	355	0. 437	0	0. 667	0. 552	0. 271	0. 000	0. 533	0. 209	0. 000
Nature	355	0. 0537	0	1	0. 086	0. 007	0. 001	0. 060	0. 038	0. 3998
FFF	355	61. 173	9. 731	100	56. 527	67. 825	0. 000	59. 555	64. 974	0. 016
Age	352	7. 779	5. 099	9. 081	7. 742	7. 83	0. 320	7. 774	7. 792	0. 841
Idr	355	0. 371	0. 25	0. 6	0. 368	0. 374	0. 276	0. 365	0. 384	0. 0014
M_index	354	10. 007	4. 88	12. 476	9. 869	10. 203	0. 075	9. 927	10. 195	0. 185
Tang	341	0. 2251	0. 005	0. 878	0. 234	0. 212	0. 209	0. 221	0. 235	0. 447
ROE	350	35. 664	11. 77	94. 2	34. 523	37. 277	0. 050	35. 753	35. 454	0. 844
Size	355	19. 477	18. 043	21. 779	19. 545	19. 38	0. 009	19. 515	19. 387	0. 062
DTA	354	39. 550	3. 8	76. 25	40. 491	38. 21	0. 147	38. 85	41. 183	0. 168

7.6.2　多元回归分析

表7-7　　　　股东结构与董事会会议

	(1)	(2)	(3)
	Meeting	Meeting	Meeting
_cons	-1.193	-1.491	-1.002
	(-0.20)	(-0.25)	(-0.17)
Ifind	0.686**		
	(2.34)		
Iffinance		0.0294	
		(0.09)	
ShareH			1.217*
			(1.76)
Nature	-1.339**	-1.145*	-1.257**
	(-2.18)	(-1.87)	(-2.05)
FFF	-0.0110	-0.0155**	-0.0128*
	(-1.47)	(-2.12)	(-1.73)
Age	-0.108	-0.144	-0.124
	(-0.60)	(-0.79)	(-0.69)
Zhiwu	-0.332	-0.301	-0.369
	(-1.17)	(-1.04)	(-1.28)
Idr	3.162	3.283	3.706
	(1.19)	(1.21)	(1.38)
M_index	0.139	0.127	0.134
	(1.60)	(1.45)	(1.53)
Tang	0.0638	0.176	0.171
	(0.07)	(0.18)	(0.17)

续表

	(1) Meeting	(2) Meeting	(3) Meeting
ROE_{t-1}	-0.0241**	-0.0251**	-0.0258**
	(-2.17)	(-2.24)	(-2.31)
Size	0.342	0.411	0.333
	(1.17)	(1.39)	(1.12)
DTA	0.0154	0.0167	0.0180
	(1.38)	(1.46)	(1.59)
YEAR	Controlled	Controlled	Controlled
IND	Controlled	Controlled	Controlled
N	333	333	333
F	2.34	2.36	2.22
Prob > F	0.0008	0.004	0.0016
$Adj-R^2$	0.0817	0.0655	0.0747

表中括号内是t检验的参数值，*、** 与 *** 分别表示在10%、5%与1%的水平上显著。

在多元回归之前，对模型7-1中的自变量进行共线性检验，从检验结果来看，自变量之间相关性的最大值发生在企业规模与创始人投资总额之间（0.658），其余各自变量的相关系数较低，可以排除自变量之间的多重共线性问题，进入多元回归分析。表7-7汇报了多元回归结果。

表7-7中的因变量均为当年的董事会会议次数，第一列主要解释变量为"是否存在产业股东（Ifind）"，第二列的主要解释变量为"是否存在财务股东 Iffinance"，第三列主要自变量换成"股东多样化程度（ShareH）"。从表7-7中可以看出，是否存在产业股东与董事会会议次数之间回归系数（0.686）显著为

正，t 检验对应 p 值为 0.020，即在 5% 水平上显著，假设 2 - a 得到检验，即产业股东的存在与董事会会议次数正相关。而是否存在财务股东则对公司的董事会次数没有显著影响。第 3 列中，股东的多元化 ShareH 与董事会会议正相关，回归系数为 1.217 且在 10% 水平上显著，这说明股东类别越多，股东资源整合过程中可能出现的问题与矛盾也随之增加，董事会需要召开更多会议来增进正式的信息交流与关注经营决策中的各种情况。除此之外，表中三个模型中均显示公司前期业绩与董事会会议次数正相关，这与 Vafeas（1999）、马连福和石晓飞（2014）等的研究结论一致，也说明本书数据的可靠性。

7.7　本章小结

本章基于交易成本与资源依赖的观点，采用我国创业板上市公司在上市之前的股东类型、股权结构与公司治理的有关经验数据，研究股东结构对公司治理的影响，即从股东资源的角度分析拥有不同类型资源的股东在公司治理中的表现。研究发现：（1）产业股东投入的资源大多专用性较强，具有流动性较差、价值非独立等特征，这促使其积极参与公司治理，以保证其在资源的使用、整合、撤回等有关决策中保持一定决策权。而产业资源的主体不可分割性、不可模仿性、不易积累以及边际收益递增等特点，又使此类资源成为相对比较重要的资源要素，进而使得此类股东有“可能”、有“能力”参与公司治理，因此与财务股东相比，产业股东在公司治理中表现得比较积极。（2）董事会会议是公司治理活动的重要方面，由于产业股东积极的参与行为，产业股东的加入将使公司董事会的召开更加频繁，这可能是股东资源整合过程中，公司的战略变动与摩擦增加，进而导致公司内部决策问题增多与决策过程复杂化所致。

本书的研究结论有利于更进一步认识不同类型的股东在公司治理中的差异性表现，这对于具有融资需求的创业企业有极大的参考价值。拥有并投入不同非财务资源的股东，在公司治理方面表现出不同的角色，通常财务投资者是公司经营的“参谋”、“教练”与公司治理的“积极监督者”，而产业投资者则是影响公司战略制定、经营与治理的重要角色。

创业股东在融资之前，就应当全面了解投资者的资源背景，并藉此判断其投资目的与未来对公司内部治理结构可能存在的影响，选择互补资源的同时，避免引入过度干预公司战略的新股东。但本章的研究存在一定的不足之处，即虽然证实董事会会议频率受股东结构的影响，但并未考察股东类型对公司治理其他方面的影响，这些可以成为未来深入探讨的问题。

第8章 创业企业股东多样化、资源互补与创业绩效

公司融资的最终目的是提高公司的价值，而融资方式与股东的选择、股东资源的聚合与股东资源结构的形成都是影响创业企业绩效的重要因素。本章基于资源基础理论与能力理论，以创业板上市公司为研究对象，检验股东类别与股东资源的多元化和互补性对公司业绩的影响。

传统资源基础理论把竞争优势的源泉定义在具体的作为物的资源上，完全脱离了企业中人的因素，造成了资源与资源使用者之间的分离。实际上，客观存在的物质资源能够发挥多大的效用还取决于使用它的人，资源异质性的背后是人的异质性（杨春华，2010）。资源的产出情况取决于如何使用，即使是相同的资源如果用于不同的用途，或者跟不同的资源组合在一起，也会产生不同的用处（Penrose，

1959）。因此，资源效用也取决于使用与评价其效用的“人”的认识水平，取决于资源主体的资源使用目的与资源管理能力。

随着资源基础理论的发展，对于企业竞争力源泉的解释相继出现“能力观（Teece et al.，1997）”与“知识观（Kogut & Zander，1992）”。资源的概念在不断扩大，知识与能力也是企业的重要资源（苏中兴，2009）。作为企业重要资源提供者的股东，对其身份的认识也随之不断深化。股东不再仅被视为公司财务资本的提供者，在提供财务资本的同时还连带提供非财务资源；甚至大股东也不再仅被视为资源提供者，他们还直接参与资源使用与配置的决策，成为企业业绩与公司价值创造的推动者，股东的资源管理能力也构成企业资源的一部分，如股东的人力资本、社会资本等等。股东（尤其是大股东）作为参与公司管理与治理的重要的“人”，不仅是财务资源与非财务资源的提供者，更是资源管理者，直接参与资源使用的决策。大股东群体的形成不仅是资源的整合，更是人的聚合。

因此，股东结构一方面体现了作为物的资源结构；另一方面也体现了作为人的能力结构。因此股东群体的多元化，不仅提供多元化与互补的企业资源，更全方位完善公司管理团队的管理经验与决策能力；不仅影响公司资源结构的构建，更影响资源的使用效率。正如天津力神电池股份公司的总裁秦元兴所说“多元化的股东造就力神”（徐建凤，2010），股东多元化对企业业绩的影响作用越来越受到研究者的重视。基于这一角度的研究，是“资源基础理论”与“能力理论”新的结合点。然而，现有文献从股东群体构建的角度，研究股东多元化对公司业绩影响的文献比较少，对股东背后资源的异质性与互补性的相关研究更少。

8.1　股东多样化的双重含义

8.1.1　提供多元化的资源：互补性资源结构与企业绩效

所谓资源异质性是指资源使用价值的差异，不同的资源要素具有不同的使用价值（秦志华和刘传友，2011）。由此，资源被区分为不同的类型，不同资源类型之间的组合匹配，可以产生新的使用价值。彭罗斯认为，生产经营活动的意义，就是通过合理配置异质性资源创造新产品或服务，从而促进价值的增值。资源互补性指合作伙伴间独特资源的匹配程度，匹配度较高的资源组合会消除彼此资源的缺陷。基于资源使用价值的异质性，企业开展经营活动的前提即必须配置一组互补的、协调的资源组合。

构建互补性资源组合是企业间合作关系的基础，合作伙伴之间的资源如果缺乏互补性，或者资源互补性在合作中遭到破坏，合作过程的有效性会受到侵蚀。Das 和 Teng（2000）指出企业本身以及联盟伙伴的资源配置特征影响其对合作伙伴的选择，并决定他们对联盟结构的偏好。他们认为企业进入战略联盟有两个根本目的：（1）获得资源；（2）通过与其他企业的资源聚合保存与提升自身资源价值。企业资源的非流动性、不可模仿性、不可替代性使得不同企业的资源具有异质性（Barney，1991；Dierickx & Cool，1989；Peteraf，1993）。Das 和 Teng（2000）指出这些特征不仅是企业资源不同的原因，也使企业之间联盟成为可能。Das 和 Teng（2000）指出异质性、互补性的资源有利于缓解联盟内部的冲突与矛盾，因为提供类似资源的伙伴往往具有比较类似的利益诉求，比如两个产业类投资者的联合都基于完善自身战略的目的，就比较容易产生冲突，不同的资源提供者的利益诉求会有一定的差异，矛盾与冲突就比较小。

类似于产品的相关多元化战略，资源的互补性组合同样能够给企业带来协同效应（Sirmon et al.，2011），那些知识交叠较少的企业之间的合作关系能够实现最大程度的学习和能力提升（Dussauge et al.，2000），而以聚合类似资源为目的的规模联盟，对联盟绩效没有显著影响。Sampson（2007）的文章检验了联盟伙伴科技资源多样性与联盟结构以及联盟绩效的关系。他发现当联盟伙伴之间的技术资源多样性适中的时候，联盟的好处是最大的，而如果科技多样化较低或较高，技术性联盟就得不到很大的好处，且技术多样化水平较高的联盟，比较适宜于采取科层化管理结构，比如合资企业。Geringer（1991）提出互补资源和互补能力是联盟合作成功的关键因素，企业挑选合作伙伴时更加注重能力、资源的协同效果，企业间能力和资源互补性对合作效果具有显著正作用（Beamish & Banks，1987），提升联盟的竞争优势（Mitchell et al.，2002；胡杨成，2007），联盟间资源的互补性程度越高，联盟的绩效水平也越高（赫晓峰，2004）。Pangarkar 和 Wu（2013）调查了 76 家互联网的创业公司，选择多元化联盟伙伴的创业公司的业绩表现更好。

也有较多学者通过检验并购双方资源的重叠程度来验证资源互补性对并购价值的影响，并购企业与目标企业的资源互补性对企业价值创造的正向作用得到检验（Makri Hitt & Lane，2010）。如 Ahuja 和 Katila（2001）通过研究医药行业的技术型并购活动，指出目标企业知识资源的绝对量强化其并购绩效，而其相对知识规模（即目标企业与并购企业的知识资源的重复程度）则减弱其创新产出。Sears 和 Hoetker（2014）从技术的相似性与互补性两个方面拓展了技术重叠（technological overlap）的概念，研究发现随着目标企业的技术重叠增加，冗余知识的价值负效应大于吸收效应[①]，会导致负的并购收益。跨国并购被认为是获取那些在国内不能积累的资源的重要途径（Rui & Yip，2008），对创业公司的发展起到极大的促进作用。

8.1.2　提供多元化的能力：资源主体多元化与资源管理效率

正确地选择异质性资源有助于创始企业建立更合理的互补资源组合，这需要创始股东拥有对互补资源的鉴别能力。鉴别结果的一致性与正确性受以下两大因素影响：（1）鉴别对象：资源效用的多维性。所谓资源效用的多维性，指同样的资源对于不同的主体、在不同情景下具有不同效用，或者说不同的主体对于同样的资源具有不同的资源使用规划和效用评价。资源效用多维性进一步揭示了资源异质性的含义，资源的价值因评价主体而异，即对于有些人是垃圾的无用物品，而对另外一些人则可能恰好是别人的急需之物；对于有些企业是冗余资源、不良资产，而经过资产重组则有可能成为其他企业的优势资源，这使得企业之间的资源整合成为可能。（2）鉴别主体：知识的分散与能力的差异。正确地评价与管理资源，需要资源主体具备一定的知识与能力。然而由于知识的分散性[②]和分散性知识的存在[③]，任何一个资源主体都不可能具备在任何情况下都作出正确决策所需要的全部知识。基于以上两点，不同的资源主体很难对具体资源的价值与使

① 吸收效应是指由于并购双方的资源相似程度较高，而对资源吸收与整合带来的便利性，这是资源相似的一个好的方面，但是资源相似同时会带来资源的冗余与浪费，对并购价值存在负的效应。

② 所谓知识分散性，是指知识总是分属于不同的认识主体，且总是针对具体事物。

③ 分散性知识指仅被特殊个体所掌握的内容，其存在意味着不同的人知道不同的事（Dew et al.，2003）。

用做出相同的判断。然而，正是这些不同的声音，开拓决策层的思维，增强对创业机会的识别能力，有效避免群体决策中的群思效应（group thinking）。从这一角度上说，资源主体的知识分散性与能力差异并不是资源管理的障碍，企业可以通过吸引多元的资源主体来构建管理决策的能力结构，通过对不同方案的比较，达到集思广益的目的，以提高资源使用的效率。

相应地，随着资源基础理论（RBV）的发展，资源的管理能力同样也被普遍看作能够为企业带来持续竞争优势的资源（TeecePisano & Shuen，1997）。知识与能力的互补也被列入资源互补的研究领域，与此有关的研究多集中于高管团队的异质性与董事会多元化的相关研究中，已有文献不胜枚举。在此类文献中，两类异质性占据了主导地位（胡桂兰，2013）：一是人口统计学层面的异质性，该类异质性研究以性别、年龄、种族等人口统计学变量的差异性作为主要研究对象，如陈忠卫和常极（2009）、鲁倩和贾良定（2009）、况学文和陈俊（2011）等等的研究；二是以与工作任务紧密相关的异质性，主要包括职能背景、教育水平、行业经验、从业时间等等，如杨林（2013）、肖挺等（2013）等。能力互补性研究的结论比较一致，即多元化的知识与能力有利于克服个体决策的局限性（Westphal & Bednar，2005）、提升公司的创造性和创新性（陈德球和杨佳欣，2013）、增加资源获取的途径（周建等，2010）提升公司价值的创造能力（Brennan & Niamh，2006）。

8.2　研究假设

8.2.1　股东多元化、资源互补性与企业绩效

作为资源的所有者，股东的多元化，一方面意味着股东资源与企业资源的多元化与互补性的提升；另一方面，作为公司治理与管理的直接参与者，大股东的多元化意味着管理经验、创新能力、社会资本等无形资源与能力的多元化。相对于规模较大的成熟企业而言，创业企业的资源相对匮乏、制度环境不确定性较大，由此高管团队需要承担更加复杂、重要的任务和角色（杨林，2013）。新创企业的管理大多由创始股东与其他大股东直接参与，因此股东的多元化意味着管理层与决策层的多元化，意味着他们存在差异性的认知基础，这使得管理团队能够得到不同来源的信息（陈忠卫和常极，2009），对战略问题会产生多种看法，从而刺激企业考虑战略变化，或重新审视他们的决策是否忽略了某些关键的影响因素，这些都能够提升团队解决问题的整体能力，对企业创业绩效产生积极的影响。无论从有形资源还是能力方面来说，具有资源的提供者与管理者双重身份的大股东，其多元化都有利于创业企业构建互补的资源结构与管理架构，并促进公司绩效的提升。因此本书提出以下假设：

假设 1：创业企业大股东多元化程度与企业绩效正相关

8.2.2　资源性质、股东类型与企业绩效

创业企业在引入外部多元化与互补的股东资源之后，随即面临资源整合问题。Sirmon 和 Hitt（2003）指出只有对不同内容、

不同来源、不同结构的资源进行选择、获取、组合、激活和协调使用，对原有的资源结构进行重组并剥离无价值的资源，才能形成新的核心资源体系以创造与维持其持续竞争优势（董保宝等，2011）。一方面，异质化与互补资源的统筹使用可能带来协同效应；另一方面也有可能由于资源的异质性而导致整合困难，导致较高的整合成本。从这一角度来看，资源结构对企业绩效的影响作用与资源整合的难易程度有关。

资源的专用性对此有显著的影响，那些通用性资源可以比较容易地改变用途而不降低其价值，能够跟多种形态的其他资源结合，而专用性较强的资源则刚好相反，容易产生整合困难，影响资源使用效果。首先，一般产业股东投入资产的专用性较强，而财务股东投入的是通用财务资源，因此在引入外部股东时，产业股东的引入隐含较大的资源整合风险，对公司绩效可能造成不利的影响。其次，投入专用资产较多的产业股东，存在干预公司战略、侵占公司资源的风险，甚至有可能导致公司战略发展的不稳定；而财务股东因其投资目的单纯、与创业公司目标一致，且投入通用资产，可随时退出不满意的公司，这决定了财务股东不会过度干预公司经营，而只起到监督与督促的作用。因此，本书提出以下假设：

假设 2－1：产业股东的引入，对企业绩效造成不利的影响。

假设 2－2：财务股东的引入，对企业绩效有正向影响。

8.3　研究设计

8.3.1　数据收集与样本选择

本章仍选择创业板 2012 年以前上市公司为研究对象，但研究期间采用其上市之后的数据。(1) 考虑到上市行为对公司业绩的诸多影响，样本中删去上市当年的数据，仅包含上市之后各年的数据，最终形成 355 家公司 2010 - 2014 年共 1193 个观测值。因各公司上市时间并不一致，因此本样本是非均衡面板数据。(2) 公司年龄、治理情况与财务绩效等其他数据均来自于国泰安数据库。为消除极端值的影响，在模型检验前对所有连续变量数据进行了 1% 水平的 Winsorize 处理。

8.3.2　模型设计与变量解释

因变量：公司绩效（Performance）①，本研究从公司财务业绩与市场价值两个方面考察创业公司的创业绩效。财务绩效方面选择总资产收益率（ROA）、净资产收益率（ROE）与可持续增长率（SGR：Sustainable growth rate）反映公司的盈利能力与发展能力，另外选用 TobinQ 反映公司的市场价值。不同因变量的回归结果可互为稳健性检验。

$$Performance = \beta_0 + \beta_1 ShareH + \beta_2 nature + \beta_3 Age + \beta_4 REG + \beta_5 Tang + \beta_6 M_{index} + \beta_7 Size + \beta_9 DTA$$

① 为考察股东结构对创业公司绩效的影响，所有与股东结构有关的自变量均滞后一期，即采用 t - 1 期的股东结构数据，与 t 期的业绩进行回归。

$$+ \gamma Year + \gamma IND + \varepsilon \quad (8-1)$$

$$Performance = \beta_0 + \beta_1 ifind/iffinance + \beta_2 nature + \beta_3 Age + \beta_4 REG + \beta_5 Tang + \beta_6 M_{index} + \beta_7 Size + \beta_9 DTA + \gamma Year + \gamma IND + \varepsilon \quad (8-2)$$

模型（8－1）与模型（8－2）的因变量一致，控制变量也都相同，模型（8－1）的主要解释变量为ShareH，用来检验股东多元化对创业绩效的影响；模型（8－2）的主要解释变量为是否存在产业股东ifind或者是否存在财务股东iffinance，模型（8－2）用来检验假设2，即引入不同类别股东的经济后果。

以下介绍与股东结构有关的主要自变量：（1）股东类别多样性（ShareH）：首先基于资源背景，将公司前十大股东进行分类，根据各类股东的持股比例计算股东结构的赫芬达尔指数，即 $shareH = 1 - \sum_{i=1}^{n}\left(\frac{n_i}{N}\right)^2$；其中 n_i 指某类股东的持股比例，N代表前十大股东中可以确定资源类别的股东持股比例总和，ShareH越大，说明股东类别越多，其股东结构也越分散，股东资源也越多样化。（2）产业股东（ifind）：是否存在产业股东，由于产业股东的投资目的复杂，带来资源整合矛盾的可能比较大，预计会对公司业绩带来不利影响。（3）财务股东（iffinance）：财务股东的投资目的比较单一，能够给创业企业提供资金资源与公司治理经验，对公司业绩有正面影响。

控制变量：（1）公司内部特征方面：控制变量包括公司实际控制人的股权性质（nature）、董事会会议次数（Meeting）与总资产周转率（TAT），以控制公司内部管理与治理等方面的影响因素。（2）为了控制公司的经营特征与行业环境，模型中加入有形资产比率（Tang）、地区市场化水平指数（M_index）与是否属于管制行业（REG）等变量[①]。(3) 为了能够更准确地检验公司绩效的影响因素，本书还控制了公司年龄（Age）、公司规模（Size）、财务风险（DTA）等因素。最后，模型设置了年度与行业哑变量以控制其他对公司董事会可能的影响。各变量释义参见表 8－1。

表 8－1　　股东结构与创业绩效的主要变量释义

变量类型	变量名称	变量说明
被解释变量	ROA	总资产收益率＝息税前利润/资产总额
	EPS	每股收益＝净利润/普通股股份数
	SGR	可持续增长率：净资产收益率×收益留存率/（1－净资产收益率×收益留存率）
	TobinQ	公司股本的总市值/（资产总计－无形资产净额－商誉净额）
解释变量	ShareH	股东构成多样化，按照各类大股东持股比例计算的赫芬达尔指数
	Ifind	上市前十大股东是否有产业股东
	Iffinance	上市前十大股东中是否有财务股东
控制变量	Nature	公司实际控制人的股权性质，1 为国有，0 为民营
	Age	公司年龄，自公司成立到上市天数的自然对数
	Tang	有形资产占公司总资产的比率
	TAT	总资产周转率＝营业收入/资产总额
	REG	公司是否属于管制行业

① 参照夏立军和陈信元（2007）的做法将“涉及国家安全的行业、自然垄断的行业、提供重要公共产品和服务的行业以及支柱产业和高新技术产业”界定为管制性行业，根据中国证监会 2001 年颁布的《上市公司行业分类指引》所确定的行业代码，当样本公司所处行业为采掘业（B）；石油、化学、塑胶、塑料（C4）；金融、非金属（C6）；电力、煤气及水的生产和供应业（D）；交通运输、仓储业（F）；信息技术业（G）时，界定为属于管制行业。

续表

变量类型	变量名称	变量说明
控制变量	M_index	地区市场化指数
	Size	资产规模，期末资产总额的自然对数
	DTA	资产负债率 = 期末负债总额/期末资产总额
	IND	行业哑变量，参照《上市公司行业分类指引》（2012 年修订）下的一级分类
	Year	年度哑变量，2010—2014 年

8.4 主要变量的描述性统计

表 8 – 2 列示了模型 8 – 1 中主要变量的描述性统计结果。

表 8 – 2　　主要变量描述性统计与分组对比

	全部样本			是否存在产业股东			是否存在财务股东		
				否	是	prob	否	是	prob
变量名	Mean	Min	Max	Mean	Mean		Mean	Mean	
ROA	0. 0499	– 0. 072	0. 154	0. 0489	0. 051	0. 3344	0. 0364	0. 0514	0. 000
ROE	0. 069	– 0. 107	0. 1981	0. 0692	0. 0713	0. 4751	0. 051	0. 072	0. 000
TobinQ	2. 774	0. 799	8. 833	2. 839	2. 6991	0. 132	2. 336	2. 823	0. 002
SGR	0. 053	– 0. 097	0. 186	0. 052	0. 0536	0. 673	0. 0354	0. 055	0. 000
Ifind	0. 255	0	1	0	1	—	0. 3305	0. 469	0. 0037
Iffinance	0. 892	0	1	0. 875	0. 9263	0. 0037	0. 000	1	—
ShareH	0. 295	0	0. 6546	0. 2001	0. 408	0. 0000	0. 0858	0. 3184	0. 0000
Nature	0. 032	0	1	0. 0076	0. 061	0. 000	0. 000	0. 0354	0. 035
Age	8. 213	6. 527	8. 975	8. 236	8. 1849	0. 0572	8. 0911	8. 226	0. 002
REG	0. 376	0	1	0. 3846	0. 3646	0. 4784	0. 446	0. 367	0. 090

续表

变量名	全部样本			是否存在产业股东			是否存在财务股东		
				否	是	prob	否	是	prob
	Mean	Min	Max	Mean	Mean		Mean	Mean	
M_index	11.095	6.457	13.379	11.197	10.969	0.0240	10.873	11.120	0.136
Tang	0.931	0.623	0.999	0.9347	0.926	0.049	0.9343	0.931	0.5847
Size	20.934	19.654	22.495	20.894	20.982	0.011	20.710	20.959	0.000
DTA	0.2352	0.0206	0.648	0.2303	0.241	0.217	0.218	0.237	0.1943
样本数	1193			650	543		121	1072	

由于数据来自于上市之后的股权结构数据，随着公司上市大股东的股权稀释，产业股东与财务股东的持股比例也有所下降，但引入概率与股东人数都比上市前有所增加，这说明上市活动极大地促进了股东结构的多样化。创业板在上市后大约有 25% 的公司有产业股东，前十大股东中产业股东持股比例约为 4.53%；89% 的公司存在财务股东，前十大股东中财务股东持股比例约为 7.95%。虽然上市之后的股东结构的形成，在构建资源结构的主观动因方面不如上市前的创业阶段有说服力，但是也客观反映了一种资源组合的状态与结果，在研究资源结构的经济后果时，即研究资源结构与股东结构对公司业绩的影响作用时，选用上市后的数据也是比较合适的。

从表 8-2 分组样本的均值对比结论可以看出，是否引入产业股东对总资产收益率（ROA）、净资产收益率（ROE）、TobinQ 与可持续增长率（SGR）的影响不显著，而上述因变量则对是否存在财务股东存在显著差异，达到 0.1% 的显著水平。股东持股的多元化程度，因产业股东与财务股东的引入而大大提高。股东结构的多元化意味着股东资源的多元化，其对公司绩效的影响，我们通过进一步的多元回归来检验。

8.5 假设检验与多元回归

表 8-3 显示自变量之间相关系数较低，最大值发生在总资产周转率（TAT）与资产负债率（DTA）之间，也仅达到 0.3256，可以排除自变量之间的多重共线性问题。

8.5.1 股东多元化与公司绩效

表 8-4 列示了股东多样化与创业公司绩效的多元回归结果，表中 4 列的因变量分别是总资产报酬率（ROA）、净资产收益率（ROE）、公司价值（TobinQ）与可持续增长率（SGR），解释变量为 ShareH，即前十大股东中按照资源类别划分的各类股东持股比例的赫芬达尔指数，这一指数越大，说明大股东类别越多、持股比例越分散，相应资源组合越多样化。

从表 8-4 的 1-4 列可以看出，表中 4 个模型均通过整体显著性检验，F 检验的 P 值均接近于 0，拟合优度在 20% 以上，说明模型设定整体是比较合理的。其中，（1）ShareH 与 ROA 的回归系数为正（0.0196），且在 0.1% 的水平上显著（P = 0.000/T = 3.61），股东类别的多样化与总资产报酬率正相关。（2）ShareH 与 ROE 的回归系数为正（0.0220），且在 1% 的水平上显著（P = 0.0030/T = 3），股东类别的多样化与净资产收益率正相关。（3）ShareH 与 TobinQ 的回归系数为正（0.472），且在 5% 的水平上显著（P = 0.0029/T = 2.19），股东类别的多样化与创业公司价值正相关。（4）ShareH 与 SGR 的回归系数为正（0.0206），且在 1% 的水平上显著（P = 0.003/T = 3），股东类别的多样化与创业公司的持续增长率正相关。总的来说，假设 1 得到检验，

表 8－3　自变量相关系数矩阵

	ifind	iffinance	ShareH	Nature	TAT	Age	REG	M_index	Tang	Size	DTA
IfInd	1										
Iffinance	0. 0849	1									
ShareH	0. 5524	0. 3711	1								
Nature	0. 1446	0. 0539	0. 1648	1							
TAT	－0. 029	－0. 0323	－0. 026	－0. 0469	1						
Age	－0. 0656	0. 0846	0. 079	0. 0446	0. 0733	1					
REG	－0. 019	－0. 0478	－0. 0323	－0. 0003	0. 0328	0. 1124	1				
M_index	－0. 0663	0. 0438	－0. 0449	－0. 0415	0. 0707	0. 1732	0. 1107	1			
Tang	－0. 0586	－0. 0281	－0. 0755	0. 0394	0. 0969	－0. 0229	0. 0035	0. 003	1		
Size	0. 0744	0. 1293	0. 1294	0. 0831	0. 0065	－0. 0151	－0. 1726	0. 068	－0. 2369	1	
DTA	0. 0376	0. 0431	0. 0185	－0. 0291	0. 3256	0. 0938	－0. 1038	0. 0283	－0. 1338	0. 4084	1

即股东的多元化与创业公司的盈利能力、市场价值与发展能力均呈正相关关系，假设1得到检验。

表 8-4　　股东多元化与创业公司绩效

	(1)	(2)	(3)	(4)
	ROA	ROE	TobinQ	SGR
_cons	-0.379***	-0.570***	10.81***	-0.438***
	(-7.72)	(-8.61)	(5.48)	(-7.02)
ShareH	**0.0196*** **	**0.0220** **	**0.472***	**0.0206** **
	(3.61)	**(3.00)**	**(2.19)**	**(2.98)**
Nature	-0.0134*	-0.0129	0.397	-0.00247
	(-2.09)	(-1.49)	(1.58)	(-0.30)
TAT	0.0686***	0.0802***	0.787***	0.0686***
	(13.25)	(11.47)	(3.81)	(10.41)
Age	0.0104***	0.0145***	0.00941	0.0127***
	(4.56)	(4.71)	(0.10)	(4.39)
REG	-0.00583*	-0.0103**	-0.462***	-0.00675*
	(-2.36)	(-3.08)	(-4.70)	(-2.14)
M_index	-0.000845	-0.000357	-0.0284	-0.000478
	(-1.36)	(-0.43)	(-1.14)	(-0.60)
Tang	0.0281	0.0540**	0.412	0.0280
	(1.88)	(2.68)	(0.68)	(1.48)
Size	0.0126***	0.0187***	-0.411***	0.0133***
	(6.41)	(7.03)	(-5.22)	(5.31)
DTA	-0.0763***	-0.0770***	-2.989***	-0.0307**
	(-9.42)	(-7.04)	(-9.21)	(-2.98)
Year	控制	控制	控制	控制
IND	控制	控制	控制	控制

续表

	(1) ROA	(2) ROE	(3) TobinQ	(4) SGR
F	14.90	13.89	22.40	12.49
Prob > F	0.0000	0.0000	0.0000	0.0000
$Adj-R^2$	0.2548	0.2242	0.3321	0.2049
N	1160	1160	1120	1160

表中括号内是 t 检验的参数值，*、** 与 *** 分别表示在 5%、1% 与 0.1% 的水平上显著。

另外，表 8－4 中四个模型控制变量的回归结果简述如下：(1) 股权性质的回归结果显示第 1、2、4 列 Nature 的系数均显著为负，即对于创业板的上市公司而言，民营公司更具有活力，相应非管制行业的创业公司的创业绩效更好，REG 在第 1－4 列均显著为正，这说明对于科技创业公司来说，非国有与非管制的环境更有利于其发展。(2) 公司年龄 Age 与创业绩效显著正相关、总资产周转率 TAT 与创业绩效显著正相关，大多数创业公司在创业初期都会经历现金流不足等资金困难问题，而创业企业的年龄越长说明其发展越稳定，已经跨越了创业早期的资金困难，而较快的资产周转率也是创业公司盈利能力与发展能力的保证。(3) 公司规模 Size 与创业绩效正相关，而财务风险 DTA 与创业绩效负相关，这符合人们对经济现象的直观认知与大多学者的研究结论，从侧面说明数据的可靠性。

8.5.2　外部股东类别与公司绩效

表 8－5 与表 8－6 是模型 8－2 的检验结果，模型中的因变量与控制变量与表 8－1 完全相同，为避免重复，表中省略了控制变量的回归结果，仅列示主要解释变量的回归结果，表 8－5

的上半部分的自变量为是否存在产业股东 Ifind，表 8 -5 的下半部分的解释变量为产业股东持股比例 Indrate。表 8 -6 的上半部分的自变量为是否存在财务股东 Iffinance，表 8 -5 的下半部分的解释变量为财务股东持股比例 FinanceRate。

（1）产业股东与公司绩效。表 8 -5 列示了是否存在产业股东以及产业股东持股比例与创业业绩的关系，回归结果全部都不显著，只能说我们未能找到引入产业股东与创业绩效之间相关关系的证据，假设 2 -1 未能得到验证。即没有明确的证据显示，产业股东的引入会对创业绩效造成不利影响。虽然，如前面章节分析，由于产业股东的引入会对公司战略决策造成较大影响，还有可能侵占公司资源，所以本章假设产业股东的存在对公司业绩造成不良影响。然而，产业股东所提供的产业资源，可能正是创业企业需要的互补资源，创业股东与产业股东的资源组合达到了促进创新、促生新的价值增加，再者，产业股东积极地参与公司治理，推动了公司内部治理机制的高效运行，对业绩提升又具有一定的正向作用。因此，综合以上产业股东两方面的影响作用来看，并不能简单判定产业股东对创业公司绩效一定具有负向作用。

表 8 -5　　产业股东与创业公司绩效

	(1)	(2)	(3)	(4)
	ROA	ROE	TobinQ	SGR
Ifind	0.00303	0.00262	-0.109	0.000669
	(1.49)	(0.96)	(-1.36)	(0.26)
F	14.35	13.48	22.23	12.06
Prob > F	0.000	0.0000	0.0000	0.0000
$Adj-R^2$	0.2477	0.2187	0.3303	0.1988
N	1160	1160	1120	1160

续表

	(1) ROA	(2) ROE	(3) TobinQ	(4) SGR
Indrate	0.000172 (1.36)	0.000177 (1.04)	0.00353 (0.71)	0.0000339 (0.21)
F	14.33	13.49	22.05	12.06
Prob > F	0.0000	0.0000	0.0000	0.0000
Adj - R^2	0.2302	0.2188	0.3295	0.1987
N	1160	1160	1120	1160

表中括号内是t检验的参数值，*、**与***分别表示在5%、1%与0.1%的水平上显著。

（2）财务股东与公司绩效。

表8-6　　财务股东与创业公司绩效

	(1) ROA	(2) ROE	(3) TobinQ	(4) SGR
Iffinance	0.0104** (3.14)	0.0126** (2.82)	0.480*** (3.66)	0.0128** (3.04)
F	14.74	13.83	22.91	12.51
Prob > F	0.000	0.0000	0.0000	0.0000
Adj - R^2	0.2356	0.2236	0.3373	0.2052
N	1160	1160	1120	1160
FinanceRate	0.000512*** (3.97)	0.000579*** (3.32)	0.0162** (3.18)	0.000585*** (3.57)
F	15.04	13.99	22.71	12.68
Prob > F	0.000	0.0000	0.0000	0.0000
Adj - R^2	0.2395	0.2256	0.3353	0.2076
N	1160	1160	1120	1160

表中括号内是t检验的参数值，*、**与***分别表示在5%、1%与0.1%的水平上显著。

表8-6列示了是否存在财务股东以及财务股东持股比例与创业业绩的关系，表中4列自变量的回归结果都显著为正，均达到1%的显著性水平，且大多显著性水平在0.1%以上。假设

2－2得到验证，即在 t 期财务股东的引入促进 t＋1 期创业公司绩效提升，这证实了前述有关财务股东在资金支持、资本市场经验与公司治理指导等各个方面对于创业公司帮助的假说，财务股东的引入不会过度干预创业公司的战略决策与管理治理，对于公司业绩的提升有正向作用。

8.6 本章小结

本章属于股东资源结构的“后果”研究，主要讨论股东多元化与资源互补对创业公司绩效的影响。大股东既是公司各类资源的提供者，又是公司治理与管理的直接参与者，在创业企业创建及发展过程中发挥着重要作用。本章根据对有关“资源与能力互补”文献的回顾，选择以股东结构多元化程度来反映股东资源的互补性并检验其对公司绩效的影响，这一研究视角是“资源基础理论”及“能力理论”的有机结合。

本章的研究证实了大股东类别的多样化，有利于创业公司绩效的提升。其中，财务股东的引入对公司绩效有显著的正向影响作用，但是产业股东的作用并不显著。研究结论给创业股东与公司投资者以下提示，即为了构建多元化、互补性的创业资源结构，创业股东应该引进类型更多样化的外部股东。其中财务股东的引入相对风险较小，对公司业绩的帮助更大。而对外部产业股东的引进，创业股东应该更加谨慎，应在引进之前注意深入了解产业股东的投资意图，避免产业股东出于自身战略目的而过度干预创业企业经营的风险；注意识别产业股东所投入资源的类型与性质，尽量避免资源整合风险，选择那些真正资源互补且对双方都有利的投资者。

第9章 研究结论与未来展望

本书创新性地提出“股东资源”的概念与研究视角，从“资源”而非“资本”的角度探索股权结构、股东关系、股东行为与公司的权力结构配置等问题。基于这一视角，本书采用理论分析、案例分析与大样本实证等方法，并以中国创业板上市公司为研究样本，对创业公司股权结构形成的前因与后果进行了系统研究，全面深入分析了创业企业在股权融资活动中面临的外部股东选择、股东控制权分配与股东治理行为的影响因素、股东结构与股东资源结构对公司治理和企业业绩的影响等具体问题。本章作为本书的结尾部分，对前面各章节的主要研究结论做出概括性的总结，指出本研究的创新与贡献，对研究中的局限与不足加以说明，并对未来有待进一步深入研究的方向进行展望。

9.1 基本结论

9.1.1 基于股东资源的研究新视角

本书基于股东资源的视角研究企业绩效的影响因素，可以说是同时将管理学与财务学的相关研究都向更深层推进一步。

管理学中的相关文献，主要是基于“资源基础理论”与“资源依赖理论”，来研究企业对某类资源的占有量对其竞争优势、企业绩效与公司价值的影响。通过对相关文献的系统回顾之后本书发现，首先，此类研究中对于那些带来企业竞争优势的“资源”的界定与衡量，限于某一时点企业所拥有的资源的存量，而忽略了资源的获取与资源来源问题；其次，此类研究过度夸大了管理者在资源管理与资源使用中的作用，而忽略了资源的所有者与投入者的作用，事实上股东并不是投入资源之后便远离管理的收益监督者，股东资源（尤其是非财务资源）的投入量在很大程度上取决于资源主体（即股东）的意愿，投入重要资源的股东会凭借其他股东对其资源的强依赖性而占据较大的控制权，借此参与公司治理与管理；再者，较多研究关注于某一类资源的作用，而缺乏对整体资源组合特征的分析。资源本身的价值并不是完全独立的，资源也向来不是单独发挥作用，即使重要的、稀缺的资源也需要与其他各种资源组合在一起才能发挥作用，因此资源组合特征不同对公司绩效与竞争力同样产生不同的影响，然而，分析股东资源结构的互补性与多样性的文献并不多见。基于这一考虑，本书将“企业资源——公司绩效”的研究思路向前推进一步，考虑企业资源的来源与获取过程，将股东作为企业资源的重要提供者，以创业企业在发展过程中对外部股东的选择与引入为研究场景，重点研究股东资源及其组合特征对公司绩效的影响，即体现“股东选择——股东资源——企业资源——公司绩效”这一研究思路。

财务学中的相关文献，主要集中于股东的治理作用、股权结构的经济后果等相关研究。这些研究主要基于产权理论与代理成本理论等理论基础，将股东视为企业“财务资本的投入者”，这些研究有一个统一的逻辑前提，即股东对公司的控制权比例基于其资本投入比例。采用“股东资源”的分析视角，我们发现一些传统的公司治理研究不能解释的问题。首先，基于财务资本的融资理论不能解释创业企业外部融资中的股东选择问题。在这个选择过程中，隐性的、无形的非财务资源起关键作用，非财务资源的互补在很多案例中是筛选外部股东的一个标准，比如拥有强大营销渠道的雷士照明与拥有研发与生产技术的德豪润达的股权联合。其次，持股比例并不能解释现实中公司的控制权分配问题。基于资源依赖理论，我们发现股东资源的重要性与相对依赖程度，是股东实际控制权的根本来源。虽然持股比例的确定作为融资过程中的一个历史性合约的达成，也一定程度反映了资源的相对重要性，但是资源的依赖性与重要性是时变的，名义股权与实际控制权的分离不可避免。再次，股权比例的差异并不能解释股东在治理活动中的行为差异，同样是大股东，对于公司治理与管理的参与积极性是不同的。基于交易成本理论与资源依赖理论的分析视角，本书发现股东投入资源的类型不同，是股东治理行为差异的重要影响因素，它不仅影响股东参与经营管理的动机，更影响其参与能力。因此，本书将公司治理研究中的传统研究思路“股权结构——公司绩效”也更向前推进一步，将传统“股权结构”研究中对于“股东”的关注进一步推进到对股东背后的“资源”的关注，基于资源选择、互补资源组合构建的考虑，研究企业股权结构形成阶段的股东选择和股东资源结构的构建需要考虑的因素，以及股东资源对股东行为、公司治理和企业绩效的影响，即体现“股东资源——股东行为——公司绩效”或“股东资源——公司治理——公司绩效”的研究思路。

对于以上两类文献的整理，都引导本研究将重点落脚于“股东资源”这一崭新概念，这是本书的第一个重要结论，即股东资源是解释股东选择、股东控制权分配、股东治理行为以及公司价值创造的一个重要因素。基于“股东资源”的研究，可以结合以上两条研究思路，对以上提到的两个领域中的若干问题具有更强的解释能力，是公司治理理论与资源基础理论未来研究的一个全新视角。

9.1.2 股东资源结构的形成过程研究

本书中的第 4 章与第 5 章研究了基于股东资源角度的股东选择问题。研究结论显示，创业企业的外部股权融资决策是创始股东基于自身资源禀赋与资源需求分析的主动选择结果，并充分考虑了投入不同类型资源的股东，未来可能的行为动机、模式以及对企业产生的不同影响。因此，创业企业股权结构的最终形成也体现了各类股东基于资源互补与资源价值最大化的考虑。其中，关于“财务股东的引入”问题，本书从创业企业吸引财务股东的“动机和能力”两个方面，关注创业股东技术资源、社会资本与财务资本的拥有情况以及资源需求情况在这一决策中的作用，且强调了技术资源的信号机制。关于“是否引入产业股东”的问题，本书特别强调了产业股东的加入可能会带来资源侵占与战略干扰的风险，并从创始股东的资源禀赋和风险防御能力两个方面分析其对引入产业股东的影响。经过研究，得出以下主要结论：

9.1.2.1　创业股东对外部财务股东的引入

（1）外部财务股东的引入与创业企业的技术资源正相关，这是因为技术资源丰富的企业，具有较强的引入财务资本的动机，同时技术资源数量也向外部投资者传递企业创新能力与未来盈利能力的良好信号，增强吸引外部资本的机会。（2）创始股东的社会资本与引入外部股东显著正相关，这是因为一方面社会资本丰富的创始股东增加了企业接触外部投资者的机会；另一方面，社会资本的丰富程度也向外部股东传递企业质量良好的信号，增加吸引外部资本的机会。（3）创始股东的财务资源拥有情况与外部股东引入的概率成反比，即创始股东能够投入企业的个人资本越多，接受外部财务股东的可能性越小，尤其当一个企业技术资源和财务资源都比较丰富时，企业越倾向于使用自身资本开发与转化其技术成果，越不愿意引入外部股东。（4）总的来看，当一个创业企业的技术资源、财务资源与社会关系资源都比较充裕时，创业股东倾向于不引入外部财务股东。

9.1.2.2　创业企业对外部产业股东的引入

（1）创业企业财务资本的需要程度与产业投资者投资正相关。这是因为存在严重资金需求的创业企业已不满足于财务股东的投资，有可能不顾产业股东的潜在风险而接受其投资。（2）产业资源的需求也是引入产业股东的重要原因。其中，创业公司生产性资源需要程度与接受产业投资者成正比，即有形资产比例较高公司倾向于接受产业投资者的投资；创业公司市场资源需要与接受产业投资者成正比，即所处行业竞争越激烈的公司越倾向于接受产业投资者的投资。（3）考虑到产业股东的技术资源侵占风险，创业企业技术资源越丰富，越不愿意接受其投资。（4）具备一定风险防范能力的创业企业也有可能会选择潜在风险较大的产业类投资者。企业的研发能力可以一定程度上抵御技术资源侵占风险，而创始股东较强的控制权可以抵御潜在的战略干扰风险。即那些技术资源丰富且研发能力较强，或技术资源丰富而且创始股东控制权越强的公司，接受产业投资者的可能性也越大。

9.1.3 股东资源结构的后果研究

9.1.3.1 股东资源结构对公司治理的影响

股东资源的类型影响股东的收益预期、治理角色与行为，一个公司的公司治理结构与治理状态的形成，本质上是股东资源结构的一种反映。本书第6章通过雷士照明公司控制权争夺的案例分析，得出结论：（1）大股东非财务资源的存在导致股东的实际控制权与名义控制权不一致，这是公司控制权争夺发生的本质因素。原因在于：股东的名义控制权以持股比例为分配依据，而实际控制权分配却以股东资源的相对重要性、依赖性为本质来源。股东持股比例的确定主要以其投入的财务资本份额为依据，虽然也考虑到非财务资源的价值，但由于非财务资源价值具有不易确定、动态依存性等特点，股东非财务资源的价值不能完全反映在融资契约所固化的持股比例中。按照名义控制权分到的资源回报不足以满足股东投入全部资源的租金预期，必然具备凭借实际控制权谋取私利，不免引起其他股东的不满，进而导致控制权斗争的发生。（2）公司的外部股东中，产业股东对于公司治理的参与程度高于财务股东，在与创始股东的控制权争夺过程中，表现出更强的斗争能力。这是因为投入不同类型资源的股东参与治理的“动机”与“能力”是不一样的。产业股东出于规避专项资源被“敲竹杠”风险或者实现自身战略目标等意图，比较积极地参与公司管理与公司治理，而产业资源的稀缺性、不可替代性等特征，也赋予产业投资者较大的实际控制权。而财务股东则满足于财务投资收益，对公司的经营决策与治理事务保持距离，且随着公司发展壮大与资本市场的完善，财务资本的稀缺性下降，也潜在削弱其在控制权分配中的话语权。

对于第 6 章单案例分析的研究结论，本书在第 7 章进行更深层的理论探讨，并采用中国创业板上市公司的大样本数据，对其进一步验证。检验结果显示创业公司的外部股东中，产业股东比较积极参与公司管理活动，公司治理参与程度比财务股东更高。具体表现为：产业股东在董事会占据较高的超额席位，而财务股东的超额席位率往往小于零；有产业投资者的企业其董事会会议频率较高，股东类型越多与资源结构越复杂的公司，董事会会议频率越高。实证结果进一步证实，股东的公司治理角色与行为受其资源特点的影响，而股东的资源结构是影响公司治理结构与控制权结构的最根本的因素。

9.1.3.2　股东资源结构对公司业绩的影响

资源的互补性与多样化有利于企业提升竞争优势，基于这一基本思路，本书第 8 章从两个方面认识企业的股东结构，一方面它体现了作为“物”的股东资源的结构；另一方面也体现了作为“人”的股东的能力结构，多元化的股东结构不仅提供更多元化与互补的企业资源，更全方位完善公司管理团队的管理经验与决策能力。第 8 章采用创业板上市公司的经验数据，证实了股东资源与股东结构的多样化与公司绩效正相关，并进一步证实在构建多元化股东结构的过程中，财务股东对公司绩效的提升作用显著大于产业股东，但未证明产业股东的引入对公司绩效有显著影响。

9.2 研究结论与启示

总的来说，本书以中国创业板上市公司为研究对象，采用理论推演、案例分析与大样本实证检验等方法证实以下观点：股东资源尤其是非财务资源的聚合是股东选择的重要依据；股东资源的重要性与相对依赖性是股东实际控制权的本质来源；股东资源类型是影响股东治理行为与治理角色的重要因素；股东资源组合特征对公司的绩效具有显著影响。当然，这些观点不仅适用于创业企业，同样也可以作为解释一般企业同类问题的普适理论。

结合研究结论，本书对实践中的企业提出以下几点管理启示：

1. 拓宽对股东投入的理解。股东对于公司的投入并不仅限于财务资本，还包括随着财务资本的投入而连带投入的其他形式的资源，如股东个人的社会资本、管理资源、技术资源与市场资源等等。需要外部融资的创业企业不应以资本供给量来选择投资者，而应根据股东的资源背景来选择，非财务资源很大程度上决定企业资源组合的适配性与互补性。

2. 更新对股东角色的认识。股东尤其是大股东，不再仅是资本提供者，甚至也不仅是资源的提供者，他们还是资源的管理者，会直接参与企业的资源使用与管理，即股权融资不仅意味着资源聚合，更意味着股东群体的形成，意味着公司管理权限的重新划分。根据本书结论，股东对管理与治理的参与动机与能力受其背后资源的相对重要性与依赖性的影响，因此，创业企业对外部股东的选择，要基于对股东资源背景的分析，充分认识到其投资目的、收益预期、风险态度以及未来可能对公司治理与管理的影响，避免资源整合与控制权转移的风险。

3. 前置公司治理的设计。创始股东不应将公司治理看做在融资活动发生之后的事情，在此之前，就应该充分考虑到外部股东对公司治理的影响，并有意识地选择合适的股东。根据本书的研究结论，股东资源类型影响股东的治理行为、收益预期与风险态度。其中，产业股东往往比财务股东更积极参与公司治理与管理，对创始股东的控制权威胁更大，这对于具有融资需求的创业企业有极大的参考价值，即创业股东在融资之前，应当全面了解投资者的资源背景，并藉此判断其投资目的与未来对公司内部治理结构可能存在的影响，为了避免公司战略变动与控制权转移的风险，选择那些风险较小的财务投资者。

4. 构建多元化的股东结构与互补的资源结构。股东结构越多样化，对资源互补性越有利，股东的资源管理能力也越全面，因此创业企业为了提升创业绩效的目的，应引进类型多样化的外部股东，构建多元化、互补性的资源结构。

9.3　研究创新点

本书创新性提出股东资源的概念与研究新视角，基于这一视角对创业企业融资与绩效影响因素的研究，至少有以下三点创新之处：

9.3.1　理论创新

不同于以“代理理论”为背景的众多研究，本书的研究以资源基础理论为立足点，强调股东关系构建中股东资源的重要作用。股东资源概念的提出，不仅结合资源基础理论的研究成果，对企业资源的来源与获取进行进一步探究，又结合了交易成本理论与资源依赖理论，对公司内部的治理与管理权的配置进行探究，对于公司发展的诸多问题有更强的解释力。

9.3.2 研究视角创新

不同于以“投资者”为研究对象的其他研究，本研究选择以“筹资者”（创业企业）的资源禀赋与资源需求为分析起点，开启了创业企业融资问题新的研究视角。创始股东对外部股东的引入，是基于对自身资源禀赋与资源需求的分析基础之上的主动选择结果，构建一个多元化与互补性的资源结构是外部融资的根本目的。

9.3.3 研究内容创新

传统资源基础理论研究与公司和治理研究偏重于经济后果研究，如资源基础理论中大多研究采取“资源存量——公司绩效”的研究思路，公司治理研究大多采用“股东结构——公司绩效”的研究思路。这些研究中，将公司拥有某项资源或某种股权结构状态看做既成事实，与此不同的是，本书的研究对于公司资源以及公司股权结构的形成过程进行探究，即总的来说，本研究既包括股东资源的“前因研究”，又包括“后果研究”，研究比较全面系统。

9.4 研究局限与未来展望

本书通过对现实经济现象的思索以及对相关文献的回顾，提出“股东资源”的概念，将其作为解释创业企业外部股东选择、公司控制权配置、股东治理角色与公司绩效的重要因素展开研究，并经过系统论证与统计分析得出了重要的研究结论。整个研究力求严谨，但由于基于股东资源的研究尚属于起步阶段，概念较新、文献较少，研究过程受限于数据可得性、时间成本及研究能力等客观因素，难免会存在如下局限与不足，同时也为以后的研究留下更大的空间。

（1）研究内容：本书关于创业企业股权结构的“前因研究”，提示我们公司股权结构的形成有其更深层次的资源整合方面的原因，“后果研究”则指出股东资源的结构对公司控制权分配与公司治理状况具有重要的影响。但关于股东资源对公司治理影响的研究，本书仅得到部分的实证证据，如关于不同类型的股东对于公司治理有不同的影响，产业股东对公司治理干预度较高，其加入可能导致董事会会议频率的提升。但是，究竟什么样的股东资源结构对于提高公司治理效率与治理结构的稳定性是有帮助的，本书并没有太多答案。研究中遇到的困难是，公司治理的稳定性与治理效率没有更合理的衡量办法，“股东资源——公司治理”之间的关系，仍然需要投入更多的研究。

（2）研究方法：股东资源的衡量始终是一个难题，因为每位股东都是多种资源的结合体，本书的解决办法是将股东资源简单划分为财务资本、物质资本、社会资本、人力资本、市场资源与技术资源等类别，并按照各股东的多类资源中比较突出的资源类别，对股东进行分类。在具体的研究中，暗含一些符合实际情况的假设，比如假定创始股东长于人力资本、社会资本与技术资源，财务投资者的主要资源以财务资本为主，产业股东的资源以市场、技术等产业资源为主。股东之间的资源异质性与互补性，在研究中以股东类别的多样化来替代，即采用了大股东群体中股东类别的人数比例与持股比例的赫芬达尔指数等指标来衡量股东类别的多样化程度，近似地替代股东资源的多样化。这是一个简化的处理办法，但对于衡量股东之间资源的异质性程度，这个办法并不能让人十分满意。如何设计一个模型，来评价一个公司股东群体的资源异质性与互补性，仍然是一个值得继续探索的问题，这也是后续研究课题的一个重要设想。

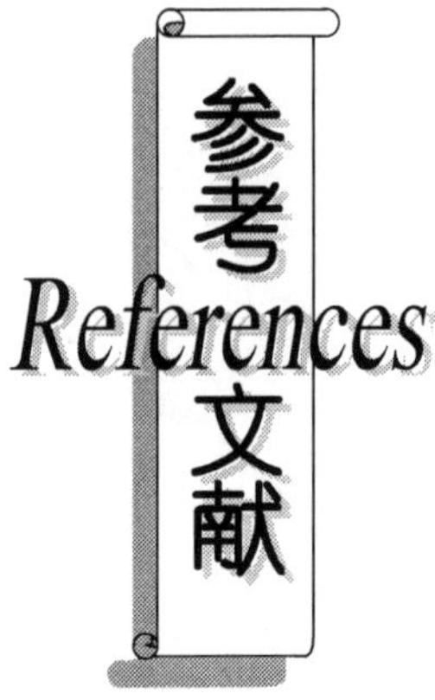

参考文献 References

[1] 蔡莉、单标安、朱秀梅、费宇鹏、柳青，创业研究回顾与资源视角下的研究框架构建——基于扎根思想的编码与提炼，管理世界，2011 年 12 期，160 – 169 页。

[2] 蔡宁、魏明海，股东关系、合谋与大股东利益输送——基于解禁股份交易的研究，经济管理，2011 年 9 期，63 – 74 页。

[3] 陈炳亮，股东多元化与企业多元化：股权与身份的作用，软科学，2011 年 7 期，107 – 112 页。

[4] 陈传明、周小虎，关于企业家社会资本的若干思考，南京社会科学，2001 年 11 期，1 – 6 页。

[5] 陈宗胜、杨晓康，市场里的企业：一个非合作讨价还价重复博弈，管理世界，1997 年 6 期，116 – 125 页。

[6] 陈德球、肖泽忠、董志勇，家族控制权结构与银行信贷合约：寻租还是效率？管理世界，2013 年 9 期，130 – 144 页。

[7] 陈德球、叶陈刚、李楠，控制权配置、代理冲突与审计供求——来自中国家族上市公司的经验证据，审计研究，2011年5期，57-64页。

[8] 陈德球、杨佳欣，董事会多元化与公司治理效率问题研究，甘肃社会科学，2013年5期，197-200页。

[9] 陈爽英、井润田、龙小宁、邵云飞，民营企业家社会关系资本对研发投资决策影响的实证研究，管理世界，2010年1期，88-97页。

[10] 陈忠卫、常极，高管团队异质性、集体创新能力与公司绩效关系的实证研究，软科学，2009年9期，78-83页。

[11] 迟建新，科技创业企业的融资工具选择与体系组合，改革，2010年1期，119-126页。

[12] 储小平，中国“家文化”泛化的机制与文化资本，学术研究，2004年11期，15-19页。

[13] 邓颖，战略资本配置与企业发展研究，中国海洋大学，2012年。

[14] 杜运周，尤树洋，制度逻辑与制度多元性研究前沿探析与未来研究展望，外国经济与管理，2013年12期，2-10页。

[15] 方刚，基于资源观的企业网络能力与创新绩效关系研究，浙江大学，2008年。

[16] 方竹兰，人力资本所有者拥有企业所有权是一个趋势，经济研究，1997年6期，36-40页。

[17] 费方域，交易、合同关系的治理和企业——威廉姆森交易成本经济学述评之二，外国经济与管理，1996年6期，8-12页。

[18] 葛宝山、董保宝，动态环境下创业者管理才能对新创企业资源获取的影响研究，研究与发展管理，2009年4期，

20－27页。

［19］葛永盛、张鹏程，家族企业资源约束，外部投资者与合同剩余，南开管理评论，2013 年 3 期，57－68 页。

［20］关鑫、高闯，社会资本视角下的企业商业模式创新机理研究，第三届（2008）中国管理学年会，2008 年。

［21］关鑫、高闯、吴维库，终极股东社会控制链的存在与动用——来自中国 60 家上市公司的证据，南开管理评论，2010 年 6 期，97－105 页。

［22］贺小刚，组织能力的源泉：企业家能力与个体特征分析，经济管理，2005 年 1 期，6－13 页。

［23］贺小刚、沈瑜，创业型企业的成长：基于企业家团队资本的实证研究，管理世界，2008 年 1 期，82－95 页。

［24］贺小刚，张远飞，上市公司创始人涉入情景下高管离任的实证研究，经济管理，2012 年 5 期，46－55 页。

［25］黄福广、李西文，风险资本对中小企业融资约束的影响研究——来自我国中小企业板上市公司的证据，山西财经大学学报，2009 年 10 期，80－87 页。

［26］黄福广、彭涛、田利辉，风险资本对创业企业投资行为的影响，金融研究，2013 年 8 期，180－192 页。

［27］黄茂生，社会资本对企业家创业资源获取的影响研究，昆明理工大学，2008 年。

［28］胡石其、田银华，中国家族企业契约治理模式的实证分析，湖南科技大学学报（社会科学版），2012 年 3 期，51－54 页。

［29］胡桂兰，创业团队异质性对创业决策的影响研究，江苏大学，2013 年。

［30］黄茂生，社会资本对企业家创业资源获取的影响研

究，昆明理工大学，2008 年。

[31] 寇宗来、周敏，机密还是专利？经济学，2012 年 1 期，115 - 134 页。

[32] 况学文、陈俊，董事会性别多元化、管理者权力与审计需求，南开管理评论，2011 年 6 期，48 - 56 页。

[33] 雷光勇、陈德球、李思飞，政府治理、控制权结构与投资决策——基于家族上市公司的经验证据，金融研究，2012 年 3 期，124 - 138 页。

[34] 李嘉玲，社会资本、关系风险对担保能力影响研究——以天津市为例，江西财经大学学报，2011 年 6 期，11 - 17 页。

[35] 李建军、刘凤元，风险资本、技术创新与公司业绩关系研究，统计与决策，2013 年 6 期，175 - 179 页。

[36] 李诗、洪涛、吴超鹏，上市公司专利对公司价值的影响——基于知识产权保护视角，南开管理评论，2012 年 6 期，4 - 13 页。

[37] 李萍萍，新创企业资源整合能力的评价研究，燕山大学，2013 年。

[38] 李薇、龙勇，竞争性战略联盟的合作效应研究，科研管理，2010 年 1 期，160 - 169 页。

[39] 李先瑞，股东的同质性、异质性与公司治理理论，中国农业会计，2009 年 11 期，14 - 16 页。

[40] 连燕玲、贺小刚、张远飞，家族权威配置机理与功效——来自我国家族上市公司的经验证据，管理世界，2011 年 11 期，105 - 117 页。

[41] 林嵩、张帏、邱琼，创业过程的研究评述及发展动向，南开管理评论，2004 年 7 期，47 - 50 页。

[42] 林嵩、张帏、林强，高科技创业企业资源整合模式研究，科学学与科学技术管理，2005 年 3 月，143 – 147 页。

[43] 林嵩，创业资源的获取与整合——创业过程的一个解读视角，经济问题探索，2007 年 6 期，166 – 169 页。

[44] 刘满凤、唐厚兴，基于社会网络模型的知识溢出传导过程研究，当代财经，2010 年 5 期，61 – 70 页。

[45] 刘芍佳、孙霈、刘乃全、终极产权论、股权结构及公司绩效，经济研究，2003 年 4 期，51 – 63 页。

[46] 刘霞，新企业创业要素体系的构建研究，科技管理研究，2010 年 18 期，254 – 257 页。

[47] 刘益、李垣、杜旖丁，基于资源风险的战略联盟结构模式选择，管理科学学报，2003 年 4 期，34 – 42 页。

[48] 李宇兵、张永兵、非王，股权结构与公司绩效——理论的回顾与思考，山东大学学报（哲学社会科学版），2005 年 3 期，134 – 138 页。

[49] 刘益、李垣、杜旖丁，战略联盟模式选择的分析框架：资源、风险与结构模式间关系的概念模型，管理工程学报，2004 年 3 期，33 – 37 页。

[50] 柳青、蔡莉，新企业资源开发过程研究回顾与框架构建，外国经济与管理，2010 年 2 期，9 – 15 页。

[51] 鲁倩、贾良定，高管团队人口统计学特征、权力与企业多元化战略，科学学与科学技术管理，2009 年 5 期，181 – 187 页。

[52] 罗友花、李明生，资源概念与分类研究——兼与罗辉道、项保华先生商榷，科研管理，2010 年 1 期，26 – 32 页。

[53] 陆淳鸿，企业资源及其价值决定，企业改革与管理，2010 年 8 期，24 – 25 页。

[54] 罗辉道、项保华，资源概念与分类研究，科研管理，2005 年 4 期，99 - 104 页。

[55] 罗福凯，论要素资本——由一则故事引发的思考，财经理论与实践，2009 年 1 期，3 - 8 页。

[56] 马连福、石晓飞，董事会会议“形”与“实”的权衡，中国工业经济，2014 年 1 期，88 - 90 页。

[57] 马迎贤，组织间关系：资源依赖视角的研究综述，管理评论，2005 年 2 期，55 - 62 页。

[58] 南开大学公司治理评价课题组，中国上市公司治理状况评价研究——来自 2008 年 1127 家上市公司的数据，管理世界，2010 年 1 期，142 - 151 页。

[59] 庞仙君、罗劲博、彭涛，风险资本给创业家族企业带来什么？——基于中国创业板上市公司的经验证据，科学学与科学技术管理，2015 年 5 期，126 - 136 页。

[60] 任荣伟、林显沃，新创企业早期成长中的异质性资源的塑造与整合分析——以阿里巴巴公司的早期创业成长为例，技术经济与管理研究，2008 年 6 月，41 - 45 页。

[61] 任旭、刘延平，基于资源依赖观点的企业战略联盟演变机理研究，北京交通大学学报（社会科学版），2009 年 2 月，54 - 63 页。

[62] 彭华涛、谢科范，创业企业家资源禀赋的理论探讨，软科学，2005 年 5 月，16 - 17 页。

[63] 秦剑，营销资源和技术资源的互补、替代效应与创业型企业的新产品开发，科学学与科学技术管理，2011 年 2 期，133 - 139 页。

[64] 秦志华、刘传友，基于异质性资源整合的创业资源获取，中国人民大学学报，2011 年 6 月，143 - 150 页。

[65] 史恩义，风险资本发展与高技术产业成长，财经问题研究，2014 年 5 期，53 - 58 页。

[66] 苏中兴，重新审视资源基础理论——以人力资源为例，经济管理，2009 年 7 期，182 - 186 页。

[67] 宋增基、宁家耀、张宗益，董事会行为、公司治理与绩效：来自中国的经验证据，软科学，2008 年 6 月，42 - 46 页。

[68] 孙健、白全民，我国公司创业投资（CVC）对企业价值影响的实证研究——基于 CVC 投资者的视角，中央财经大学学报，2010 年 9 期，62 - 66 页。

[69] 唐要家、孙路，专利转化中的“专利沉睡”及其治理分析，中国软科学，2006 年 8 月，73 - 78 页。

[70] 唐睿明，我国家族上市公司股权结构与公司绩效研究，东北财经大学，2012 年。

[71] 王斌、宋春霞，基于股东资源的公司治理研究：一个新的视角，财务研究，2015 年 1 月，88 - 94 页。

[72] 王斌、宋春霞、孟慧祥，大股东非执行董事与董事会治理效率——基于国有上市公司的经验证据，北京工商大学学报：社会科学版，2015 年 1 月，38 - 48 页。

[73] 王斌、宋春霞，创业企业资源禀赋、资源需求与产业股东引入，会计研究，2015 年 1 期，63 - 73 页。

[74] 王瀚轮，风险投资对新创企业绩效的影响研究：资源获取的中介作用，吉林大学，2014 年。

[75] 王凯、吴东立，民营企业股权层面的政治关联效应与融资约束，现代财经，2015 年 10 期，33 - 46 页。

[76] 汪青松，基于投资偏好差异的股份公司股东类别化分析，政法论丛，2011 年 4 期，104 - 109 页。

[77] 汪青松、赵万一，股份公司内部权力配置的结构性变

革——以股东“同质化”假定到“异质化”现实的演进为视角，现代法学，2011年3期，32－42页。

［78］王晓辉，企业社会资本、动态能力对企业成长影响研究，辽宁大学，2013年。

［79］卫昕，大股东、一致行动人与掏空行为——基于中国民营上市公司的检验，北京工商大学，2013年。

［80］魏明海、程敏英、郑国坚，从股权结构到股东关系，会计研究，2011年1期，60－67页。

［81］吴晓晖、娄景辉，独立董事对传统内部治理机制影响的实证研究——基于多元回归模型和Logistic模型的中国证据，数量经济技术经济研究，2008年4期，142－152页。

［82］肖挺、刘华、叶芃，高管团队异质性与商业模式创新绩效关系的实证研究：以服务行业上市公司为例［J］，中国软科学，2013年8期，125－135页。

［83］谢永珍、张雅萌、张慧、郑源，董事会正式、非正式结构对董事会会议频率的影响——非正式沟通对董事会行为强度的调节作用，外国经济与管理，2015年4期，15－28页。

［84］徐龙炳、李科，政治关系如何影响公司价值：融资约束与行业竞争的证据，财经研究，2010年10期，60－69页。

［85］徐细雄、刘星，创始人权威、控制权配置与家族企业治理转型——基于国美电器“控制权之争”的案例研究，中国工业经济，2012年2期，139－148页。

［86］薛有志、彭华伟、李国栋，董事会会议的监督效应及其影响因素研究，财经问题研究，2010年1期，99－105页。

［87］杨建东、李强、曾勇，创业者个人特质、社会资本与风险投资，科研管理，2010年6期，65－72页。

［88］杨俊、张玉利、杨晓非等，关系强度、关系资源与新

企业绩效——基于行为视角的实证研究，南开管理评论，2009 年 4 期，44 – 54 页。

[89] 杨俊、张玉利，社会资本、创业机会与创业初期绩效理论模型的构建与相关研究命题的提出，外国经济与管理，2008 年 10 期，17 – 25 页。

[90] 杨林，高管团队异质性、企业所有制与创业战略导向——基于中国中小企业板上市公司的经验证据，科学学与科学技术管理，2013 年 9 期，159 – 171 页。

[91] 伊志宏、于上尧、姜付秀，忙碌的董事会：敬业还是低效？财贸经济，2011 年 12 期，46 – 54 页。

[92] 余明桂、潘红波，政治关系、制度环境与民营企业银行贷款，管理世界，2008 年 8 期，9 – 21 页。

[93] 余绍忠，创业资源、创业战略与创业绩效关系研究，浙江大学，2012 年。

[94] 余绍忠，创业资源对创业绩效的影响机制研究——基于环境动态性的调节作用，科学学与科学技术管理，2013 年 6 期，131 – 139 页。

[95] 张素平，企业家社会资本影响企业创新能力的内在机制研究，浙江大学，2014 年。

[96] 张霞、毛基业，国内企业管理案例研究的进展回顾与改进步骤——中国企业管理案例与理论构建研究论坛（2011）综述，管理世界，2012 年 2 期，105 – 111 页。

[97] 张险峰、葛宝山，资源对公司创业行为的影响研究，国际商务：对外经济贸易大学学报，2011 年 4 期，112 – 120 页。

[98] 张玉利、杨俊、任兵，社会资本、先前经验与创业机会——一个交互效应模型及其启示，管理世界，2008 年 7 期，91 – 102 页。

[99] 赵晶、张书博、祝丽敏等，个人社会资本与组织社会资本契合度对企业实际控制权的影响，中国工业经济，2014 年 3 期，121 – 133 页。

[100] 郑志刚，公司治理机制理论研究文献综述，南开经济研究，2004 年 5 期，26 – 33 页。

[101] 郑志刚，对公司治理内涵的重新认识，金融研究，2010 年 8 月，184 – 198 页。

[102] 周冬梅，创业资源获取与创业网络关系动态演化研究，电子科技大学，2011 年。

[103] 周建、金媛媛、刘小元，董事会资本研究综述，外国经济与管理，2010 年 12 期，27 – 35 页。

[104] 周其仁，市场里的企业：一个人力资本与非人力资本的特别合约，经济研究，1996 年 6 期，71 – 79 页。

[105] 周霞、宋清，科技型企业技术资源对财务竞争力的影响，企业经济，2014 年 4 期，43 – 47 页。

[106] 朱国泓、杜兴强，控制权的来源与本质：拓展、融合及深化，会计研究，2010 年 5 期，54 – 61 页。

[107] 朱秀梅、蔡莉、陈巍等，新创企业与成熟企业的资源管理过程比较研究，技术经济，2008 年 4 期，22 – 28 页。

[108] 朱秀梅、费宇鹏，关系特征、资源获取与初创企业绩效关系实证研究，南开管理评论，2010 年 3 期，125 – 135 页。

[109] 朱秀梅、李明芳，创业网络特征对资源获取的动态影响——基于中国转型经济的证据，管理世界，2011 年 6 期，105 – 115 页。

[110] 邹宇春、敖丹，自雇者与受雇者的社会资本差异研究，社会学研究，2011 年 5 期，198 – 224 页。

[111] Ahuja G. “The Duality of Collaboration: Inducements

and Opportunities in the Formation of Interfirm Linkages" . Strategic Management Journal, Vol. 21, Mar. , pp317 – 343, 2000.

[112] Ahuja A. & Katila R. , "Technological Acquisitions and the Innovation Performance of Acquiring Firms: A Longitudinal", Strategic Management Journal, Vol. 22, Mar. , pp197 – 220, 2001.

[113] Alchian A. A. & Demsetz H. , "Production, Information Costs, and Economic Organization", The American Economic Review, Vol. 62, May, pp777 – 795, 1972.

[114] Alvarez, Lowell. "The entrepreneurship of resource – based theory" . Journal of Manangement, Vol. 27, pp755 – 775, 2001.

[115] Amit R. , Glosten L. , Muller E. , "Entrepreneurial Ability, Venture Investments and Risk Sharing" , Management Science, Vol. 36, Oct, pp1233 – 1246, 1990.

[116] Amit, Schoemaker. "Strategic assets and organizational rent" . Strategic management journal, Vol. 14, Jan. , pp33 – 46, 1993.

[117] Ansoff. Corporate Strategy: An Analytical Approach to Business Policy for Growth and Expansion. New York: McGraw – Hill, 1965.

[118] Ardichvili. Critical Dilemmas for the Independent Consultant. Consulting Psychology Journal Practice & Research, Vol. 52, Feb. , pp133 – 141, 2000.

[119] Ardichvili, Alexander. "Tacit knowledge in professional practice: Researcher and practitioner perspectives" . Human Resource Development Quarterly, Vol. 11, Apr. , pp411 – 414, 2000.

[120] Barca, Becht. The control of corporate Europe. Oxford

University Press, 2001.

[121] Barclay, Smith. "The maturity structure of corporate debt". The Journal of Finance, Vol. 50, Feb., pp609 - 631, 1995.

[122] Barney. "Strategic factor markets: expectations, luck, and business strategy". Management Science, Vol. 32, Oct., pp1231 - 1241, 1986.

[123] Barney. "Organizational Culture: Can It Be a Source of Sustained Competitive Advantage?" Academy of Management Review, Vol. 11, Mar., pp656 - 665, 1986.

[124] Barney. "Firm resources and sustained competitive advantage". Journal of management, Vol. 17, Jan., pp99 - 120, 1991.

[125] Barney, Hansen. "Trustworthiness as a Source of Competitive Advantage". Strategic Management Journal, Vol. 28 (Supplement S1), pp127, 1995.

[126] Barney, Ketchen, Wright. "The future of resource - based theory revitalization or decline?". Journal of Management, Vol. 37, May, pp1299 - 1315, 2011.

[127] Barney, Mackey. "Testing Resource - Based Theory". Research Methodology in Strategy & Management, Vol. 2, pp1 - 13, 2005.

[128] Barney, Wright. "On becoming a strategic partner: The role of human resources in gaining competitive advantage". Human Resource Management. Vol. 37, Jan., pp31 - 46, 1997.

[129] Baum J. A. C., Calabrese T., Silverman B. S., "Don't Go It Alone: Alliance Network Composition and Startups' Perform-

ance in Canadian Biotechnology", Strategic Management Journal, Vol. 21, Mar. , pp267 - 294, 2000.

[130] Becker, Gerhart. "The Impact of Human Resource Management on Organizational Performance: Progress and Prospects", Academy of Management Journal, Vol. 39, Apr. , pp779 - 801, 1996.

[131] Begley. "Using Founder Status, Age of Firm and Company Growth Rate as the Basis for Distinguishing Entrepreneurs from Managers of Smaller Businesses" . Journal of Business Venturing, Vol. 10, Mar. , pp249 - 263, 1995.

[132] Beamish P. W. & Banks J. C. , "Equity Joint Ventures and the Theory of the Multinational Enterprise", Journal of International Business Studies, Vol. 18, Feb. , pp1 - 16, 1987.

[133] Berle Means. Private property and the modern corporation. New York: Mac - millan, 1932.

[134] Blair M. M. , Ownership and Control: Rethinking Corporate Governance for the 21st Century. Brookings Institution, Washington, 1995.

[135] Boyd. "Corporate Linkages and Organizational Environment: A Test of the Resource Dependence Model" . Strategic Management Journal, Vol. 11, Jun. , pp419 - 430, 1990.

[136] Brennan & Niamh, "Boards of Directors and Firm Performance: Is there an Expectations Gap?", Corporate Governance an International Review, Vol. 14, Jun. , pp577 - 593, 2006.

[137] Brickley, Lease, Smith Jr. "Ownership Structure and Voting on Antitakeover Amendments" . Journal of Financial Economics, Vol. 20, Sep. , pp267 - 291, 1988.

[138] Bromiley, Papenhausen. " Assumptions of Rationality

and Equilibrium in Strategy Research: The Limits of Traditional Economic Analysis". Strategic Organization, Vol. 1, Apr., pp413 - 437, 2003.

[139] Brush C G, Greene P, Hart M M. "From Initial Idea to Unique Advantage: The Entrepreneurial Challenge of Constructing a Resource Base". IEEE Engineering Management Review, Vol. 30, Jan., pp86 - 86, 2002.

[140] Celikyurt U, Sevilir M, Shivdasani A. Venture Capitalists on Boards of Mature Public Firms. Review of Financial Studies, Vol. 27, Jan., pp56 - 101, 2014.

[141] Chen, Harford, and Li. "Monitoring: Which institutions matter?", Journal of Financial Economics, Vol. 86, Feb., pp279 - 305, 2007.

[142] Chesbrough H. W., "Making Sense of Corporate Venture Capital", Harvard Business Review, Vol. 80, Mar., pp90 - 99, 2002.

[143] Chemmanur T J, Fulghieri P. Entrepreneurial Finance and Innovation: An Introduction and Agenda for Future Research. Review of Financial Studies, Vol. 27, Jan., pp1 - 19, 2014.

[144] Chemmanur T J, Loutskina E, Tian X, Corporate Venture Capital, Value Creation, and Innovation. Social Science Electronic Publishing, Vol. 27, Aug., pp2434 - 2473, 2013.

[145] Chemmanur T J, Chen Z. Angels, venture capitalists, and entrepreneurs: A dynamic model of private equity financing. Working paper. Boston College and University of Virginia (McIntyre School), 2011.

[146] Claessens, Djankov, Lang. "The Separation of Owner-

ship and Control in East Asian Corporations", Journal of Financial Economics, Vol. 58, Jan., pp81 – 112, 2000.

[147] Cockburn I. M. & Macgarvie M. J., "Patents, Thickets and the Financing of Early – Stage Firms: Evidence from the Software Industry", Journal of Economics & Management Strategy, Vol. 18, Mar., pp729 – 773, 2009.

[148] Coff. "When competitive advantage doesn't lead to performance: The resource – based view and stakeholder bargaining power". Organization Science, Vol. 10, Feb., pp119 – 133, 1999.

[149] Coleman J. S., "Rational Organization", Rationality and Society, Vol. 2, Jan., pp94 – 105, 1990.

[150] Conner. "A historical Comparison of Resource – based Theory and Five Schools of Thought within Industrial Organization Economics: Do We Have a New Theory of the Firm?". Journal of Management, Vol. 17, Jan., pp121 – 154, 1991.

[151] Conner, "Prahalad. A Resource – based Theory of the Firm: Knowledge Versus Opportunism", Organization Science, Vol. 7, May, pp477 – 501, 1996.

[152] Conti A., Thursby M., Rothaermel F., "Show Me the Right Stuff: Signals for High – Tech Startups", Journal of Economics & Management Strategy, Vol. 22, Feb., pp341 – 346, 2013.

[153] Cooper. "A process model for industrial new product development", IEEE Transactions on Engineering Management, Vol. 30, Jan., pp2 – 11, 1983.

[154] Cox E, Katila R, Eisenhardt K. "Who takes you to the dance? How funding partners influence innovative activity in young firms". Administrative Science Quarterly, Vol. 60, pp596 –

633, 2015.

[155] Cronqvist, Fahlenbrach. "Large shareholders and corporate policies" . Review of Financial Studies, Vol. 22, Oct. , pp3941 -3976, 2009.

[156] Crook T R, Ketchen D J, Combs J G, et al. "Strategic Resources and Performance: A Meta - Analysis" . Strategic Management Journal, Vol. 29, Sep. , pp1141 -1154, 2008.

[157] Das, Teng. "Between Trust and Control: Developing Confidence in Partner Cooperation in Alliances" . The Academy of Management Review, Vol. 23, Mar. , pp491 -512, 1998.

[158] Das, Teng. "A resource - based theory of strategic alliances" . Journal of Management, Vol. 26, Jan. , pp31 -61, 2000.

[159] Dew N. , Velamuri S. R. , Venkataraman S. , "Dispersed Knowledge and an Entrepreneurial Theory of the Firm", Social Science Electronic Publishing, Vol. 19, May, pp659 -679, 2003.

[160] Dierickx, Cool. "Asset Stock Accumulation and Sustainability of Competitive Advantage. Social Science Electronic Publishing", Vol. 35, Dec. , pp1504 -1511, 1989.

[161] Donaldson T. & Preston L. E. , "The Stakeholder Theory of the Corporation: Concepts, Evidence, and Implications", Academy of Management Review, Vol. 20, Jan. , pp65 -91, 1995.

[162] Dollinger, Saxton. "Intolerance of ambiguity and the decision to form an alliance", Psychological Reports, Vol. 77, Mar. , pp1197 -1198, 1995.

[163] Dushnitsky G. & Lenox M. J. , "When Do Incumbents Learn From Entrepreneurial Ventures? Corporate Venture Capital and Investing Firm Innovation Rates", Research Policy, Vol. 34, May,

pp615 -639, 2005.

[164] Dushnitsky G. & Lenox M. J. , "When Does Corporate Venture Capital Investment Create Firm Value?", Journal of Business Venturing, Vol. 21, Jun. , pp753 -772, 2006.

[165] Dushnitsky G. , "Corporate Venture Capital: Past Evidence and Future Directions" , Oxford University Press: Oxford, UK, pp387 -431, 2006.

[166] Dushnitsky G. & Shaver J. M. , "Limitations to Interorganizational Knowledge Acquisition: The Paradox of Corporate Venture Capital", Strategic Management Journal, Vol. 30, Oct. , pp1045 - 1064, 2009.

[167] Dussauge P. , Garrette B. , Mitchell W. , "Learning From Competing Partners: Outcomes and Durations of Scale and Link Alliances in", Europe North America & Asia Strategic Management, Vol. 21, Feb. , pp99 -126, 2000.

[168] Ederer F, Manso G. Is Pay for Performance Detrimental to Innovation? . Management Science Journal of the Institute for Operations Research & the Management Sciences, Vol. 59, Jul. , pp496 - 1513, 2013.

[169] Eisenhardt K. M. & Schoonhoven C. B. , "Resource - Based View of Strategic Alliance Formation: Strategic and Social Effects in Entrepreneurial Firms", Organization Science, Vol. 7, Feb. pp136 -150, 1996.

[170] Eisenhardt, Martin. "Dynamic Capabilities: What Are They?" . Strategic Management Journal, Vol. 21, Oct - Nov. , pp1105 -1121, 2000.

[171] Eisenhardt, Schoonhoven. "Strategic alliance formation in

entrepreneurial firms: Strategic needs and social opportunities for cooperation", Organization Science, Vol. 7, Feb. , pp136 – 150, 1996.

[172] Emerson. "Power – dependence Relations" . American Sociological Review, Vol. 27, Jan. , pp31 – 41, 1962.

[173] Faccio, Lang. "The Ultimate Ownership of Western European Corporations" . Journal of Financial Economics, Vol. 65, Mar. , pp365 – 395, 2002.

[174] Fan, Lin, Treisman. "Political Decentralization and Corruption: Evidence from Around the World", Journal of Public Economics, Vol. 93, Apr. , pp14 – 34, 2009.

[175] Fiol. "Managing Culture as a Competitive Resource: An Identity – Based View of Sustainable Competitive Advantage" . Journal of Management, Vol. 17, Jan. , pp: 191 – 211, 1991.

[176] Foss. "The Theory of the Firm: The Austrians as Precursors and Critics of Contemporary Theory" . Review of Austrian Economics, Vol. 7, Jan. , pp31 – 65, 1994.

[177] Foss, Knudsen. "The resource – based tangle: towards a sustainable explanation of competitive advantage" . Managerial and Decision Economics, Vol. 24, Apr. , pp291 – 307, 2003.

[178] Fulghieri, P. , and M. Sevilir. Organization and financing of innovation, and the choice between corporate and independent venture capital. Journal of Financial and Quantitative Analysis, Vol. 44, Jun. , pp1291 – 1321, 2009.

[179] GaLaskiewicz J. , "Exchange Network and Community Politics", Beverly Hills, CA: Sage Publications, 1979.

[180] Garbuio, King, Lovallo. "Looking inside Psychological Influences on Structuring a Firm's Portfolio of Resources" . Journal of

Management, Vol. 37, May, pp1444 – 1463, 2011.

[181] Geringer J. M. , "Strategic Determinants of Partner Selection Criteria in International Joint Ventures", Journal of International Business Studies, Vol. 22, Jan. , pp41 – 62, 1991.

[182] Gilbert, Ugall, Audretsch. "Clusters, knowledge spillovers and new venture performance: An empirical examination" . Journal of Business Venturing, Vol. 23, Apr. , pp405 – 422, 2008.

[183] Grant. "The resource – based theory of competitive advantage: implications for strategy formulation" . Knowledge and Strategy, Vol. 33, Mar. , pp3 – 23, 1991.

[184] Grant. "Toward a Knowledge – Based Theory of the firm" . Strategic Management Journal, 1996, 17 (S2) pp: 109 – 122.

[185] Grant. "Prospering in dynamically – competitive environments: Organizational capability as knowledge integration", Organization Science, Vol. 7, Apr. , pp375 – 387, 1996.

[186] Greenberg G. , "Small Firms, Big Patents? Estimating Patent Value Using Data on Israeli Start – Ups' Financing Rounds", European Management Review, Vol. 10, Apr. , pp183 – 196, 2013.

[187] Grossman S. J. & Hart O. D. , "The Costs and Benefits of Ownership: A Theory of Vertical and Lateral Integration", the Journal of Political Economy, Vol. 94, Apr. , pp691 – 719, 1986.

[188] Gulati R. , "Does Familiarity Breed Trust? The Implications of Repeated Ties Forcontractual Choice in Alliances", Academy of Management Journal, Vol. 38, Jan. , pp85 – 112, 1995.

[189] Gulati R. , "Alliances and Networks", Strategic Management Journal, Vol. 19, Apr. , pp293 – 317, 1998.

[190] Gulati R. , "Network Location and Learning: The Influ-

ence of Network Resources and Firm Capabilities on Alliance Formation", Strategic Management Journal, Vol. 20, May, pp397 - 420, 1999.

[191] Gulati R. & Gargiulo M., "Where Do Interorganizational Networks Come From?", American Journal of Sociology, Vol. 104, May, pp1439 - 1493, 1999.

[192] Gulati R. & Westphal J. D., "Cooperative or Controlling? The Effects of CEO - board Relations and the Content of Interlocks on the Formation of Joint Ventures", Administrative Science Quarterly, Vol. 44, Mar., pp473 - 506, 1999.

[193] Gulati. Managing Network Resources: Alliances, Affiliations and Other Relational Assets. Oxford University Press Oxford, 2007.

[194] Hall B. H. & Lerner J., Chapter 14 - The Financing of R&D and Innovation, Handbook of the Economics of Innovation, Social Science Electronic Publishing, Jan., pp609 - 639, 2010.

[195] Hallen B L, Katila R, Rosenberger J D. "How do Social Defenses Work? A Resource - dependence Lens on Technology Ventures, Venture capital Investors, and Corporate Relationships", Academy of Management Journal, Vol. 57, Apr., pp: 1078 - 1101, 2014.

[196] Hart. "A natural - resource - based view of the firm". Academy of management review, Vol. 20, Apr., pp: 986 - 1014, 1995.

[197] Hart O., Firms, Contracts, and Financial Structure. Oxford University Press, 1995.

[198] Hart O. & Moore J., "Property Rights and the Nature of the Firm", Journal of Political Economy, Vol. 98, Jun., pp1119 - 1158, 1990.

[199] Haeussler C., Harhoff D., Mueller E., "How Patenting

Informs VC Investors – the Case of Biotechnology", Research Policy, Vol. 43, Aug. , pp1286 – 1298, 2014.

[200] Haeussler & Carolin, "The Determinants of Commercialization Strategy: Idiosyncrasies in British and German Biotechnology", Entrepreneurship Theory & Practice, Vol. 35, Apr. , pp653 – 681, 2011.

[201] Hagedoorn, Schakenraad J. , "Strategic Partnering and Technological Co – Operation", Springer Netherlands, Vol. 13, pp171 – 190, 1990.

[202] Hagedoorn J. & Schakenraad J. , "The Effect of Strategic Technology Alliances on Company Performance", Strategic Management Journal, Vol. 15, Apr. , pp291 – 309, 1994.

[203] Hall B. H. & Ziedonis R. H. , "The Patent Paradox Revisited: An Empirical Study of Patenting in the U. S. Semiconductor Industry, 1979 – 1995. ", General Information, Vol. 32, Jan. , pp101 – 128, 2001.

[204] Hall B. H. & Lerner J. , "The Financing of R&D and Innovation", Handbook of the Economics of Innovation, Jan. , pp609 – 639, 2010.

[205] Hellmann, T. A theory of strategic venture investing. Journal of Financial Economics, Vol. 64, Feb. , pp285 – 314. , 2002.

[206] Hellmann T. & Puri M. , "Venture Capital and the Professionalization of Start – Up Firms: Empirical Evidence", Issue the Journal of Finance, Vol. 57, Jan. , pp169 – 197, 2002.

[207] Harianto, Farid, Pennings, Mprofile J. , "Technological Convergence and Scope of Organizational Innovation", Research Policy, Vol. 23, Mar. , pp293 – 304, 1994.

[208] Hennart & Francois J., "A Transaction Costs Theory of Equity Joint Ventures", Strategic Management Journal, Vol. 9, Apr., pp361 -374, 1988.

[209] Hillman, Withers, Collins. "Resource dependence theory: A review". Journal of management, Vol. 35, Jan., pp1404 - 1427, 2009.

[210] Hitt, Ireland. "Relationships among Corporate Level Distinctive Competencies, Diversification Strategy, Corporate Structure and Performance". Journal of Management Studies, Vol. 23, Apr., pp401 -416, 1986.

[211] Hochberg Y. V., Ljungqvist A., Lu Y., "Whom You Know Matters: Venture Capital Networks and Investment Performance", General Information, Vol. 62, Jan., pp251 -301, 2007.

[212] Holmstrom B., "Agency Costs and Innovation", Journal of Economic Behavior & Organization, Vol. 12, Mar., pp305 -327, 1989.

[213] Hsu D. H., "Venture Capitalists and Cooperative Start - Up Commercialization Strategy", Management Science, Vol. 52, Feb., pp204 -219, 2006.

[214] Hsu D. H. & Ziedonis R. H., "Resources as Dual Sources of Advantage: Implications for Valuing Entrepreneurial - Firm Patents", Strategic Management Journal, Vol. 34, Jul., pp761 - 781, 2013.

[215] Jensen, Meckling. "Theory of the firm: Managerial behavior, agency costs and ownership structure". Journal of financial economics, Vol. 3, Apr., pp305 -360, 1976.

[216] Kandel, Massa, Simonov. "Do small shareholders

count?" . Journal of Financial Economics, Vol. 101, Mar. , pp641 - 665, 2011.

[217] Kansikas, et al. "Entrepreneurial leadership and familiness as resources for strategic entrepreneurship" . International Journal of Entrepreneurial Behaviour & Research Vol. Feb. , pp141 - 158, 2012.

[218] Katila R. & Mang P. Y. , "Exploiting Technological Opportunities: The Timing of Collaborations", Research Policy, Vol. 32, Feb. , pp317 - 332, 2003.

[219] Katila R. , Rosenberger J. D. , Eisenhardt K. M. , "Swimming with Sharks: Technology Ventures, Defense Mechanisms and Corporate Relationships", Administrative Science Quarterly, Vol. 53, Feb. , pp295 - 332, 2008.

[220] Kerr W R, Lerner J, Schoar A. The Consequences of Entrepreneurial Finance: Evidence from Angel Financings. Review of Financial Studies, Vol. 27, Jan. pp20 - 55, 2014.

[221] Kogut & Bruce, "Joint Ventures: Theoretical and Empirical Perspectives", Strategic Management Journal, Vol. 9, Apr. , pp319 - 332, 1988.

[222] Kogut, Zander. "Knowledge of the Firm, Combinative Capabilities, and the Replication of Technology" . Organization Science, Vol. 3, Mar. , pp383 - 397, 1992.

[223] Kor, Leblebici. "How do interdependencies among human - capital deployment, development, and diversification strategies affect firms' financial performance?" . Strategic Management Journal, Vol. 26, Oct. , pp967 - 985, 2005.

[224] Kraaijenbrink, Spender, Groen. "The resource - based

view: a review and assessment of its critiques" . Journal of management, Vol. 36, Jan. , pp349 - 372, 2010.

[225] La Porta, et al. "Legal determinants of external finance". Journal of Finance, Vol. 52, Mar. , pp1131 - 1150, 1997.

[226] La Porta, et al. "Investor protection and corporate governance" . Journal of Financial Economics, Vol. 58, Jan. , pp3 - 27, 2000.

[227] La Porta, et al. "Investor protection and corporate valuation", Journal of Finance, Vol. 57, Mar. , pp147 - 1170, 2002.

[228] Lerner J, Leamon A, Hardymon G F. Venture Capital, Private Equity, and the Financing of Entrepreneurship. John Wiley & Sons, 2012.

[229] Laumann E. O. & Knoke D. , the Organizational State: Social Choice in National Policy Domains. University of Wisconsin Press, 1987.

[230] Lavie. "The Competitive Advantage of Interconnected Firms: an Extension of the Resource - based View" . Academy of Management Review, Vol. 31, Mar. , pp: 638 - 658, 2006.

[231] Leiblein. "The Choice of Orgnanizational Governance Form and Performance: Predictions from Transactiong Cost, Resource - based, and Real Opition Theories" . Journal of Management, Vol. 29, Jun. , pp937 - 961, 2003.

[232] Lockett, Thompson, Morgenstern. "The development of the resource - based view of the firm: A critical appraisal" . International Journal of Management Reviews, Vol. 11, Jan. , pp9 - 28, 2009.

[233] Makadok. "A Pointed Commentary on Priem and But-

ler", Academy of Management Review, Vol. 26, Apr. , pp: 498 - 499, 2001.

[234] Makadok, Coff. "The Theory of Value and the Value of Theory: Breaking New Ground versus Reinventing the Wheel" . Academy of Management Review, Vol. 27, Jan. , pp10 - 13, 2002.

[235] Makri, Hitt, Lane. "Complementary technologies, knowledge relatedness, and invention outcomes in high technology mergers and acquisitions" . Strategic Management Journal, Vol. 31, Jun. , pp602 - 628, 2010.

[236] Maritan, Peteraf. "Invited Editorial: Building a Bridge between Resource Acquisition and Resource Accumulation" . Journal of Management, Vol. 37, May, pp1374 - 1389, 2011.

[237] Manso G. Motivating Innovation. Social Science Electronic Publishing, Vol. 66, May, pp1823 - 1860, 2011.

[238] Mata, Fuerst, Barney. "Information Technology and Sustained Competitive Advantage: A Resource - based Analysis", Management Information System Quarterly Vol. 19, Apr. , pp487 - 506, 1995.

[239] Maula M. , Autio E. , Murray G. , "Corporate Venture Capitalists and Independent Venture Capitalists: What Do they Know, Who Do they Know and Should Entrepreneurs Care?", Venture Capital, Vol. 7, Jan. , pp3 - 21, 2005.

[240] Mcfarlane. "Entrepreneurship: Successfully Launching New Ventures" . Journal of Applied Management and Entrepreneurship, Vol. 11, Jul. , pp, 2006.

[241] Mcguinness, Morgan. "Strategy, Dynamic Capabilities and Complex Science: Management Rhetoric vs. Reality" . Strategic

Change, Vol. 9, Apr. , pp209 – 220, 2000.

[242] Meznar, Nigh. "Buffer or Bridge Environmental and Organizational Determinants of Public Affairs Activeties in American Firms" . Academy of Management Journal, Vol. 38, Apr. , pp975 – 996, 1995.

[243] Miller, Shamsie. "The resource – based view of the firm in two environments: The Hollywood film studios from 1936 to 1965". Academy of management journal, Vol. 39, Mar. , pp519 – 543, 1996.

[244] Miller, Le Breton – Miller I, Lester R H, et al. "Are family firms really superior performers?" . Journal of Corporate Finance, Vol. 13, May, pp829 – 858, 2007.

[245] Mitchell W, Dussauge P, Garrette B. "Alliances with Competitors: How to Combine and Protect Key Resources?", Creativity & Innovation Management, Vol. 11, Mar. , pp203 – 223, 2002.

[246] Nadeau P. , "Venture Capital Investment Selection: Do Patents Attract Investors?", Strategic Change, Vol. 19, Jul. – Aug. , pp325 – 342, 2010.

[247] Nahapiet J. & Ghoshal S. , "Social Capital, Intellectual Capital, and the Organizational Advantage", Social Science Electronic Publishing, Vol. 23, Feb. , pp242 – 266, 1998.

[248] Newbert. "Empirical Research on the Resource – based View of the Firm: an Assessment and Suggestions for Future Research", Strategic Management Journal, Vol. 28, Feb. , pp121 – 146, 2007.

[249] Nohria N. & Garcia Pont C. , "Global Strategic Linkages and Industry Structure", Strategic Management Journal, Vol. 12, Jan. , pp105 – 124, 1991.

[250] Park H. D. & Steensma H. K. , "When Does Corporate Venture Capital Add Value for New Ventures?", Strategic Management Journal, Vol. 33, Jan. , pp1 – 22, 2012.

[251] Pangarkar N. & Wu J. , "Alliance Formation, Partner Diversity, and Performance of Singapore Startups", Asia Pacific Journal of Management, Vol. 30, Mar. , pp791 – 807, 2013.

[252] Penrose. The Theory of the Growth of theFirm. Ltd, Great Britain Basil Blackwell, 1959.

[253] Peteraf. "The Cornerstones of Competitive Advantage: A resource – based View" . Strategic management journal, Vol. 14, Mar. pp179 – 191, 1993.

[254] Pfeffer. "Size and Composition of Corporate Boards of Directors: The Organization and its Environment" . Administrative Science Quarterly, Vol. 17, Deb. , pp218 – 228, 1972.

[255] Pfeffer, Nowak. "Joint Ventures and Interorganizational Interdependence" . Administrative Science Quarterly, Vol. 21, Mar. , pp398 – 418, 1976.

[256] Pfeffer, Salancik. The External Control of Organizations: A Resource Dependence Perspective. Social Science Electronic Publishing, 1978.

[257] Peteraf M. A. , "The Cornerstones of Competitive Advantage: A Resource – Based View", Strategic Management Journal, Vol. 14, Mar. , pp179 – 191, 1993.

[258] Priem, Butler. "Tautology in the Resource – based View and the Implications of Externally Determined Resource Value: Further Comments" . Academy of Management review, Vol. 26, Jan. , pp57 – 66, 2001.

[259] Priem, Butler. "Is the Resource - based 'View' a Useful Perspective for Strategic Management Research?" . Academy of management review, Vol. 26, Jan. , pp22 -40, 2001.

[260] Rajan R. G. & Zingales L. , "What Do we Know about Capital Structure? Some Evidence from International Data", the Journal of Finance, Vol. 50, May, pp1421 -1460, 1995.

[261] Rajan R. G. & Zingales L. , "Power in a Theory of the Firm", The Quarterly Journal of Economics, Vol. 113, Feb. , pp829 - 858, 1998.

[262] Rajan, Zingales. "The governance of the new enterprise", National Bureau of Economic Research, 2000.

[263] Redding. "The Low - skill, Low - quality Trap: Strategic Complementarities between Human Capital and R&D" . Economic journal, Vol. 106, Feb. , pp458 -470, 1996.

[264] Romanelli. "Environments and Strategies of Organization Start - up: Effects on Early Survival", Administrative Science Quarterly, Vol. 34, Mar. , pp: 369 -387, 1989.

[265] Rothaermel F. T. & Hill C. W. L. , "Technological Discontinuities and Complementary Assets: A Longitudinal Study of Industry and Firm Performance", Social Science Electronic Publishing, Vol. 16, Jan. , pp52 -70, 2005.

[266] Rui H. & Yip G. S. , "Foreign Acquisitions by Chinese Firms: A Strategic Intent Perspective" [J], Journal of World Business, Vol. 43, Feb. , pp213 -226, 2008.

[267] Rumelt. "Toward a Strategic Theory of the Firm" . Englewood Cliffs, NJ, Prentice Hall, 1984.

[268] Ryan, Schneider. "Institutional Investor Power and Het-

erogeneity Implications for Agency and Stakeholder Theories" . Business & Society, Vol. 42, Apr. , pp398 –429, 2003.

[269] Sahlman W. A. , "The Structure and Governance of Venture – Capital Organizations", Journal of Financial Economics, Vol. 27, Sep. , pp473 –521, 1990.

[270] Salancik, Pfeffer. "Who Gets Power – and How They Hold on to It: A Strategic Contingency Model of Power" . Organizational dynamics, Vol. 5, Mar. , pp3 –21, 1978.

[271] Sampson. "R&D Alliances and Firm Performance: The Impact of Technological Diversity and Alliance Organization on Innovation" . Academy of Management Journal, Vol. 50, Feb. , pp: 364 – 386, 2007.

[272] Sears J. & Hoetker G. , "Technological Overlap, Technological Capabilities, and Resource Recombination in Technological Acquisitions", Strategic Management Journal, Vol. 35, Jan. , pp. 48 – 67, 2014.

[273] Shleifer, Vishny. "A survey of corporate governance" . The journal of finance, Vol. 52, Feb. , pp737 –783, 1997.

[274] Shan W. , Walker G. , Kogut B. , "Interfirm Cooperation and Startup Innovation in the Biotechnology Industry", Strategic Management Journal, Vol. 15, May, pp387 –394, 1994.

[275] Shane S. & Cable D. , "Network Ties, Reputation, and the Financing of New Ventures" [J], Management Science, Vol. 48, Mar. , pp346 –381, 2002.

[276] Shane S. & Stuart T. , "Organizational Endowments and the Performance of University Start – Ups", Management Science, Vol. 48, Jan. , pp154 –170, 2002.

[277] Shane. "The Illusions of Entrepreneurship: The Costly Myths that Entrepreneurs, Investors and Policy Makers Live by", Social Science Electronic Publishing, Vol. 98, Feb., pp206 - 207, 2009.

[278] Shleifer A. & Vishny R. W., "A Survey of Corporate Governance", The Journal of Finance, Vol. 52, Feb., pp737 - 783, 1997.

[279] Shum, Lin. "A resource - based view on entrepreneurship and innovation". International Journal of Entrepreneurship and Innovation Management, Vol. 11, Mar., pp264 - 281, 2010.

[280] Sirmon D. G. & Hitt M. A., "Managing Resources: Linking Unique Resources, Management, and Wealth Creation in Family Firms", Entrepreneurship Theory and Practice, Vol. 27, Apr., pp: 339 - 358, 2003.

[281] Sirmon, et al. "Resource orchestration to create competitive advantage breadth, depth, and life cycle effects", Journal of Management, Vol. 37, May, pp1390 - 1412, 2011.

[282] Sirmon, Hitt, "Ireland. Managing firm resources in dynamic environments to create value: Looking inside the black box". Academy of Management Review, Vol. 32, Jan., pp273 - 292, 2007.

[283] Sonnenfeld J. A., "What Makes Great Boards Great", Harvard Business Review, Vol. 80, Sep., pp106 - 113, 2002.

[284] Spagnolo G., "Social Relations and Cooperation in Organizations", Journal of Economic Behavior & Organization, Vol. 38, Jan., pp1 - 25, 1999.

[285] Spender J. C., "Making Knowledge the Basis of a Dy-

namic Theory of the Firm", Strategic Management Journal, Vol. 17, Feb. pp45 - 62, 1996.

[286] Spender. "Rethinking organizational rents: The place of collective knowledge and Penrose rents in strategic analysis" . International Business Reviev, Vol. 3, Apr. , pp1 - 33, 2006.

[287] Starr J A, Macmillan I C. "Resource Cooptation via Social Contracting: Resource Acquisition Strategies for New Ventures". Social Science Electronic Publishing, Vol. 11, Jan. , pp79 - 92, 1990.

[288] Stuart T. E. , "Interorganizational Alliances and the Performance of Firms: A Study of Growth and Innovation Rates in a High - Technology Industry", Strategic Management Journal, Vol. 21, Aug. , pp791 - 811, 2000.

[289] Sun, Wright, Mellahi. "Is Entrepreneur - politician Alliance Sustainable during Transition? The Case of Management Buyouts in China" . Management and Organization Review, Vol. 6, Jan. , pp101 - 121, 2010.

[290] Teece D. J. , "Profiting From Technological Innovation: Implications for Integration, Collaboration, Licensing and Public Policy", Social Science Electronic Publishing, Vol. 15, Jun. , pp: 285 - 305, 1986.

[291] Teece D. J. , Pisano G. , Shuen A. , "Dynamic Capabilities and Strategic Management", Strategic Management Journal, Vol. 18, Jul. , pp509 - 533, 1997.

[292] Teece. "Explicating Dynamic Capabilities: The Nature and Microfoundations of (Sustainable) Enterprise Performance", Strategic Management Journal, Vol. 28, Mar. , pp1319 - 1350, 2007.

[293] Thompson, McEwen. "Organizational Goals and Environment: Goal – setting as an Interaction Process", American Sociological Review, Vol. 23, Jan., pp23 – 31, 1958.

[294] Timmons. New Venture Creation. New York: McGraw – Hill, 1999.

[295] Tirole, Aghion. "The Management of Innovation". Quarterly Journal of Economics, Vol. 109, Apr. pp1185 – 1209, 1994.

[296] Vafeas N., "Board Meeting Frequency and Firm Performance", Journal of Financial Economics, Vol. 53, Jan., pp113 – 142, 1999.

[297] Villalonga B. & Amit R., "How are US Family Firms Controlled?", Review of Financial Studies, Vol. 22, Sep., pp3047 – 3091, 2009.

[298] Wade, Hulland. "Review: The Resource – Based View and Information Systems Research: Review, Extension, and Suggestions for Future Research", Mis Quarterly, Vol. 28, Jan., pp107 – 142, 2004.

[299] Walker G., Kogut B., Shan W., "Social Capital, Structural Holes and the Formation of an Industry Network – Knowledge and Social Capital – Chapter 10", Knowledge & Social Capital, Vol. 8, Feb., pp225 – 254, 2000.

[300] Wernerfelt. "A Resource – based View of the Firm". Strategic management journal, Vol. 5, Feb., pp171 – 180, 1984.

[301] Wernerfelt. "The use of Resources in Resource Acquisition", Journal of Management, Vol. 37, May, pp1369 – 1373, 2011.

[302] Westphal J. D. & Bednar M. K., "Pluralistic Ignorance

in Corporate Boards and Firms' Strategic Persistence in Response to Low Firm Performance", Administrative Science Quarterly, Vol. 50, Feb., pp. 262 – 298, 2005.

[303] Williamson O. E., Markets and hierarchies, Analysis and Antitrust Implications: A Study in the Economics of Internal Organization. New York: Free Press, 1975.

[304] Williamson O. E., The Economic Intstitutions of Capitalism: Firms, Markets, Relational Contracting. New York: Free Press, 1985.

[305] Williamson Oliver E., "Cor porate Finance and Corporate Governance", Journal of Finance, Vol. 43, Mar., pp: 567 – 591, 1988.

[306] Williamson O. E., "Strategizing, Economizing, and Economic Organization", Strategic Management Journal, Vol. 12, Feb., pp75 – 94, 1991.

[307] Wilson, Appiah – Kubi. Resource Leveraging Via Networks by High – Technology Entrepreneurial Firms. Journal of High Technology Management Research, Vol. 13, Jan., pp45 – 62, 2002.

[308] Xu S., Wu F., Cavusgil E., "Complements or Substitutes? Internal Technological Strength, Competitor Alliance Participation, and Innovation Development", Journal of Product Innovation Management, Vol. 30, Apr., pp750 – 762, 2013.

[309] Yin R., "K. Discovering the Future of the Case Study – Method in Evaluation Research" [J], American Journal of Evaluation, Journal, 15, Mar., pp283 – 290, 1994.

[310] Zahra, Filatotchev, Wright. "How do Threshold firms Sustain Corporate Entrepreneurship? The Role of Boards and Absorp-

tive Capacity" . Journal of Business Venturing, Vol. 24, Mar. , pp248 -260, 2009.

[311] Zingales L. , "In Search of New Foundations", The Journal of Finance, Vol. 55, Apr. , pp623 -1653, 2000.